KB159007

귀촌 후에 비로소 삶이 보였다

귀촌 후에 비로소 삶이 보였다

| 윤용진 지음 |

미디어

시골로 가니 삶이 보였다

거의 일 년 간 끌어오던 프로젝트를 마침내 마무리했다. 그리고는 곧바로 회사에 사표를 냈다. "사표를 내고 시골로 간다고? 그 어렵던 일이 이제 막 끝났는데?" 모두들 망치로 머리를 얻어맞은 것처럼 멍한 표정들이었다. 퇴사 전 마지막으로 직원들에게 보낸 이메일에는 '조화로운 삶' 운운하며 더 늦기 전에 시골로 가서 새로운 인생을 시작해보려 한다고 썼다. 그 당시 나는 꽤나 진지했는데, 나중에 생각해보니 공연히 쓸데없는 말을 했다는 생각도 들었다. 아마도 그들 중에 내 말의 의미를 이해한 사람은 거의 없었을 것이다.

세상에는 자유로운 영혼을 지니고 자유롭게 살아가는 사람들이 있다. 직장을 그만두고 세계여행을 떠나는 사람도 있고, 구속된 삶이 싫다며 프리랜서로 살아가는 사람도 있다, 또 어떤 이는 자신이 좋아하는 일을 하겠다며 누구나 부러워하는 직장을 그만두기도 한다. 아마도 그들 대부분은 예전의 직장이나 안정적인 생활로 다시는 되돌아가지 못할지도 모른다. 하지만 그들은 꿈을 찾아 용감하게 떠나갔다.

그들처럼 용감하지도 못하고 항상 미래를 걱정하는 소심한 성격의 나로서는 감히 엄두도 내지 못할 일들이었다. 하지만 내 가슴 깊숙한 곳에서는 언젠가는 나도 그들처럼 직장이라는 굴레를 벗어나 마음껏 내 삶을 살아보고 싶다는 욕망이 자리 잡고 있었다. 그렇게 현실과 욕망 사이에서 끊임없이 고민하다가 찾아낸 타협점이 바로 시골에서 살아가는 삶이었다.

우연히 읽게 된 책에서 내가 꿈꾸는 삶을 살아가는 사람들이 있다는 것을 알게 되었다. 그들은 물질보다는 행복을 추구하고, 텃밭에서 직접 먹거리를 가꾸며 소박하게 살아가는 사람들이었다. 분명히 내가 알고 있던 세상이 전부는 아니었다. 이미 내 나이도 40대 중반을 넘어가고 있었으니 더 늦기 전에 내가 원하는 삶을 선택하고 싶었다. 이 책은 그렇게 남들보다 다소 빠른 은퇴를 하고, 귀촌하여 제2의 인생을 살아가고 있는 한 장년 남자의 이야기다.

도시에서는 분업화되어 있는 산업구조 속에서 내가 맡은 역할만 하면 충분할지 모르지만, 시골에서는 스스로 균형 있는 삶을 유지해야만 한다. 먹고 살기 위한 농사일부터 마당을 가꾸고 집을 관리하는 일까지 모든 것을 알아서 해결해야 한다. 자신이 선택한 자유로운 삶을 영위하는 법도 배워야 하고, 시골이라는 특수한 환경 속에서 이웃과 나누며 살아가는 자세도 필요하다. 어쩌면 귀촌 후의 삶이란 스스로 내가 어떻게 살 것인가를 생각하고, 판단하고, 행동에 옮기는 삶인지도 모른다.

내 경우 농사지어 팔자 고치겠다는 것도 아니고 단지 소박한 꿈만 가지고 있었건만, 현실에서는 그 꿈마저도 만만한 게 아니었다. 그 이야기들을 책 속에 생생하게 담았다. '첫 밭농사 소득 41만원'에서처럼 익숙하지 않은 육체노동에 몸은 고되고, 돈벌이는 되지 않았다. 농사란 것이 심어놓기만 하면 저절로 자라고 탐스러운 열매가 열려주는 것도 아니었다. 처음에는 '저 무수한 수박넝쿨을 다 뽑아버리라고?'처럼 셀 수도 없이 실수를 했다. 당시는 지금처럼 체계적으로 교육을 시켜주는 기관도 거의 없었다. 그래서 묻고 또 묻고 기록을 했다. '농사일지 – 기억하지 못하면 기록해야 한다'에서와 같이 내 경험을 깨알같이 노트에 기록하며 농사를 배웠다.

어려운 일이 있으면 주위 분들에게 도움도 많이 받았다. 시골 인심이 예전 같지 않다는 분들도 계시지만, 시골도 사람 사는 곳이라고 자신이 하기 나름인 것 같다. 지금까지 내가 서툰 농사로 버벅거린 것에 비하면, 그나마 이웃 분들 덕분에 잘 살고 있다는 생각을 한다.

시골로 내려온 지 10여 년이 지난 지금 우리 집은 작은 텃밭과 과수원이 있고, 내가 꿈꾸던 목공작업도 하며 살아가고 있다. 분명히 취미로 시작한 목공이었는데 그동안 꾸준히 기술이 늘다보니 아마추어 수준은 벗어난 것 같다. '나는 일 년 동안 커피가 공짜다'에서처럼 작년에는 성당 카페 공사도 했다. 그동안 살아오면서 주위 분들에게 많은 것을 받기만 했으니 이제는 나도 나누며 살아가야겠다는 마음이다.

도시에 남아 있던 지인들도 대부분 은퇴를 했다. 이제야 그들도 내가 예전에 겪었던, 새로 시작되는 제2의 인생을 어떻게 살 것인지 고민을 하는 것 같다. 그들 중 몇몇은 복잡한 도시를 떠나 시골에 정착하고도 싶어 한다. 하지만 나이가 들면 들수록 낯선 곳에서의 불확실한 미래가 더욱 두렵게 느껴지기 마련이니 쉽게 결정을 하지 못하는 것 같다.

시골로 내려오기로 한 나의 선택 역시 처음에는 의구심이 생기기도 했었다. 만약 그때 시골로 내려오지 않고 직장에 계속 다녔더라면 아마도 경제적으로는 좀 더 윤택해졌을지 모른다. 그렇다고 해서 내 인생이 크게 달라졌을 것 같지도 않다. 직장에 매여 있는 그 긴 시간은 내 인생을 더욱 옭매일지언정 그다지 도움이 되지 못했을 것 같다. 어차피 그런 인생이라면 이렇게 내가 선택을 하고, 그 선택한 삶을 만끽하며 살아가고 있는 지금의 시간들이 오히려 썩 괜찮아 보이기까지 한다.

법륜 스님은 '인생에는 정답이 없고 선택에 따른 책임이 있을 뿐'이라고 말씀하신다. 인생에 정답이란 것은 처음부터 없었고 정해진 방향 또한 없으니, 결국 내가 생각하는 인생이 나에게는 정답이라는 말씀이시다. 하지만 '선택에 따른 책임이 있을 뿐'이란 말씀은 문득 내 현실을 돌이켜보게 만든다. 남들에게는 물질적인 풍요로움과는 거리가 먼 삶을 살고 있는 내 모습이 초라해 보일지도 모르겠지만 정작 나는 이미 익숙해진 소박한 생활에 그다지 불만도 없다.

내가 좋아서 한 선택에 따라 자유로운 영혼이 되어 살아왔으니, 작은 것에 만족하며 살아가는 삶이란 건 어찌 보면 당연한 결과인지도 모른다. 그동안 잊고 살았던 인생이었는데, 시골로 오니 비로소 내 삶이 보였다.

복잡한 도시생활에 지쳐 전원생활을 꿈꾸는 사람들에게 그동안 내가 겪은 수많은 시행착오와 경험이 조금이나마 그들 곁에서 희망을 주고, 꿈이 될 수 있으면 좋겠다.

윤용진

차례

01

은퇴 후 아내와 남편은
서로 다른 꿈을 꾼다

요즘 들어 아내가 이상해졌다. 예전에는 아무런 불평 없이 가족의 뒷바라지를 척척 해주던 아내였는데 언젠가부터 사소한 일로도 바가지를 긁는다. 심지어는 하루 세끼 밥 차려 주는 것도 귀찮다는 표정이다(내가 삼식이이니 그럴 수도 있긴 하다). 평생을 함께 살아왔으니 그래도 내가 아내를 가장 잘 이해할 수 있다고 생각해 왔는데, 정말 알다가도 모르겠는 것이 바로 아내의 마음이다.

나이 들면 남들도 그렇게 산다고 하니 우리 집도 그러려니 했다. 또 젊었을 때에는 가족을 위해 꿈도 포기한 채 살아왔을 터이니, 이제는 아내의 불평쯤은 참고 이해해줘야 한다고 생각했다. 그러다가 '아내와 남편은 은퇴 후의 생활 방식에 대하여 서로 다른 생각을 가지고 있다'라는 기사를 읽게 되었는데, 그 내용이 실제로 내가 경험한 것과 너무도 닮았다. 문득 아내가 변한 이유를 조금은 알 것 같았다.

남편들은 은퇴 후 도시에서 살기보다는 전원생활을 꿈꾼다고 한다. 마당이 있는 집에서 정원이나 텃밭을 가꾸며 살고 싶어 한다. 혹시 집에서 취미로 목공을 할 수 있으면 더 좋고. 한마디로 요약하자면 '혼자 놀겠다'는 말이다. 아내들은 그렇게는 못 산다. 편리한 아파트에서 살기를 원하고, 도시에 살거나 아니면 적어도 도시와 가까운 곳이라야 한다. 친교 모임도 계속해야 하고, 또 손쉽게 쇼핑도 할 수 있어야 한다. 아내들에게 사회생활이란 결코 포기할 수 없는 인생의 중요한 일부다.

　어느덧 아내도 자신의 삶을 되돌아볼 나이가 되었다. 그리고 그동안 잊고 있던 자신의 꿈을 기억해낸 것 같다. 만약 그 꿈이 이루어졌더라면 아내는 지금쯤 도시의 아파트에서 쇼핑도 하고, 친구들과 어울리며 살고 있어야 했다. 그런데 10여 년 전에 이상하게 낚여 나를 따라 시골로 내려와 농사를 짓고 있으니 자신의 팔자가 한심하기도 하고, 그 원흉인 내가 얄미웠을 수도 있다. 뒤늦게 밑지는 장사를 했다는 것을 알아차렸지만 물릴 수도 없고, 어쩔 수 없이 살아주기는 하지만 매사에 내 행동이 곱게 보일 리가 없었을 것이다. 그 마음 이해가 간다.

　이렇게 은퇴 후 아내와 남편이 서로 다른 꿈을 꾸는 데는 남녀가 갖고 있는 사회성의 차이 때문인지도 모르겠다. 아내들의 사회성은 정말 경탄할 정도다. 처음 보는 사람과도 쉽게 대화를 한다. 아기를 안고 있는 엄마를 보면 '아기가 참 귀엽게 생겼네'로 시작하여 좀 지나면 육아법, 가정 얘기, 남편 얘기까지 다 나온다. 아내는 어느 곳에 가더라도 며칠만 지나면 주위 사람들과 서로 언니 동생 하는 사이가 된다.

반면에, 은퇴한 남편들은 사회성이랄 것도 없다. 알고 있는 사람들이라고 해봤자 직장 사람들뿐이고, 그 외에 친구 몇 명이 있는 정도다. 하지만 직장 사람들이야 퇴직하고 나면 어차피 멀어지게 마련이고(한 6개월은 같이 놀아줄지도 모르지만), 새롭게 사람을 사귄다는 것은 어렵기만 하다. 그러니 남편들은 식구들과 좀 더 많은 시간을 보내고 싶어 한다. 그런데 다 큰 자식이 아빠와 놀아줄 리는 없고, 만만한 게 아내뿐이니 젖은 낙엽처럼 아내에게 달라붙는다.

아내에게는 그때부터 악몽이 시작된다고 한다. 혼자 좀 놀아주면 좋으련만 눈만 뜨면 졸졸 따라다니며 사사건건 간섭이나 하려드니 말이다. 오죽하면 '은퇴 남편 증후군'이라는 말이 생겨났을까! 제발 따라다니지 좀 말라는 아내의 말에 치사해서 혼자 시간을 보내려 하지만 뭘 하며 놀아야 할지도 모른다. 평생을 직장 다니며 일이나 할 줄 알았지 특별히 취미랄 것도 없고, 심지어는 자신이 무엇을 좋아하는지도 모른다. 바로 귀촌 초기의 내 얘기다.

그래서 아내는 아이들과 도시에 남고, 남편은 꿈을 찾아 혼자 시골로 내려와 텃밭을 가꾸며 사시는 분들도 계시다. 내 주위에도 예상외로 이런 분들 무지하게 많다. 하지만 부부가 이렇게 서로 떨어져 살게 되면 남편과 아내의 꿈은 점점 더 멀어질지도 모른다. 내 경우, 만약 아내가 끝까지 시골로 못 간다고 버텼다면 나는 아직도 빈둥대며 도시에서 살고 있었을 것이다. 다시 생각해봐도 정말로 고맙고 다행스러운 일이다. 난 혼자 시골로 올 만큼 배짱 있는 위인도 못 된다.

부부가 서로 의견이 일치하지 않는다면 함께 끊임없는 대화와 양보로 절충안을 찾아야 한다. 물론 쉽지 않은 얘기다. 내 경우도 끊임없이 협박과 회유를 했는데도 시골로 오기까지에는 몇 년이나 걸렸다. 그리고 이것은 정말 중요한 건데, 어디에서 살 건 TV 앞에서 시간 보내지 말고 혼자 노는 법도 미리 배워두어야 한다.

나이 들어 중산층에서 빈민층으로 전락하는 이유 중의 하나가 이혼이라고 한다. 퇴직금으로 그럭저럭 부부가 먹고는 살아도 반으로 쪼개면 둘 다 빈민층이 되어 버린다. 그래서 늘그막에는 혼자 사는 것보다는 적당히 고쳐서라도 데리고 살아가는 게 이득이라고 한다. 아내들이 꼭 귀담아들어 주었으면 하는 말이다. 물론 아무리 고치려 한들 평생 몸에 밴 버릇이 하루아침에 바뀌기야 하겠냐마는….

02
농사처럼
편한 직업은 없다

도시에서 먹고살기 힘들 때면 "시골에 가서 농사나 짓지"라고 입버릇처럼 말하는 사람들이 있다. 그런데 그렇게 말하는 사람들치고 제대로 농사를 지어본 분들은 거의 없는 것 같다. 실제로 시골에서 농사를 지어보신 분들은 절대로 그런 말을 하지 않는다.

내가 시골로 가자고 아내를 설득할 때에도 오히려 반대를 했던 것은 아내의 친구였다. 그 친구는 어릴 적에 시골에서 농사를 지었다고 한다.

"얘, 너 시골 따라갔다가는 큰일 난다. 절대로 안 간다고 버텨!"

그 친구의 조언에 반신반의했던 아내는 친구가 해준 말을 나에게 일러바쳤다. 도시에서 태어나고 자랐던 아내와 나는, 농사의 '농'자도 모르면서 막연하게 시골에 대한 동경만 가지고 있었던 것 같다.

물론 지금은 시대도 바뀌었고, 농사도 예전과는 많이 달라졌다고 한다. 하지만 지금도 농사를 짓는 분들은 농사가 결코 쉬운 게 아니라고 말씀하신다(여기에서 말하는 농사는 생업으로 짓는 농사를 의미한다). 농사를 조금 짓고 있는 나도 고개를 젓는다.

그래서 '세상에 농사처럼 힘든 직업은 없다'라고 생각하고 있었는데, 최근에 나는 '농사처럼 편한 직업은 없다'라는 참신한 이야기를 들었다. 그것도 한평생 농사를 지어온 분한테서. 농사가 왜 편한 직업이라고 하는지 그 이유를 들어봤다.

일단 농사를 지으면 받는 스트레스가 거의 없다. 직장 다닐 때에는 일보다는 사람한테 받는 스트레스가 더 크다고 하는데, 농사를 지으면 사람들과 부딪힐 일이 거의 없다. 또 농사란 게 죽어라 공부를 해야 할 만큼 어려운 것도 아니다. 그저 콩 심은데 콩 나고, 팥 심은데 팥 나는 게 농사다. 단지 좀 많이만 열려주면 고맙겠고.

날씨가 워낙 예측불허라 농사를 망칠 수도 있지만 그렇다고 뭐라고 나를 탓할 사람도 없다. 농사 망치면 속이 좀 쓰리기야 하겠지만 내 농사 내가 망쳤는데 누가 뭐라고 할까? 또한 출퇴근 시간도 필요 없다. 도시에서 직장을 다니는 사람들은 날마다 긴 시간을 출퇴근에 소비해야 하지만, 시골에서는 바로 엎어지면 코 닿는 곳이 일터다. 물론 교통체증이란 건 상상할 수도 없다. 게다가 몸이 많이 피곤하거나 급한 일이 있으면 그냥 쉬고 다음에 하면 된다. 내가 바로 사장이니 누구한테 허락받을 필요도 없다. 농사일은 하루 이틀 늦어진다고 티가 나는 것도 아니다.

더러는 날씨가 더울 때 밖에서 일을 해야 하는 게 단점이라고 말한다. 하지만 일하는 시간을 내 마음대로 조절할 수 있으니 꼭 단점이라고 말할 수도 없다. 시원한 새벽에 일어나 일을 하고, 더운 낮에는 낮잠을 자며 쉰다. 나이 들면 새벽에 저절로 눈이 떠지니 어차피 일어난 김에 일을 하면 된다. 또 일하다 가끔은 막걸리 한 잔 걸치고 해도 된다. 다 내 맘이다.

비가 오는 날은 쉬는 날이다. 요즘 세상에 누가 비를 맞으며 일을 하나? 눈 오는 날도 당연히 쉰다. 더구나 겨울이 되면 아주 긴 휴식시간을 가질 수 있다. 가을걷이 끝나고 봄 농사 시작 전까지, 일 년에 몇 달씩 쉴 수 있는 직업은 농사 빼고는 없다.

힘든 육체노동을 해야 한다고? 천만의 말씀. 세상 물정을 모르고 하시는 말씀이다. 물론 사람이 해야 하는 세세한 부분도 있긴 하지만, 힘든 일은 거의 다 장비가 한다. 그래서 시골의 웬만한 집에는 승용차 말고도 장비가 몇 대씩은 다 있다. 트랙터도 있고, 굴착기도 있고, 관리기, 농약 살포기, 비료 살포기도 있다. 과수 하는 사람들을 위해서는 승용 제초기도 있고, 심지어는 농사용 사다리차도 있다. 다만 농사 규모가 작아 손바닥만 한 땅이라면 삽과 괭이 들고 옛날처럼 온몸으로 일해야 한다. 우리 집처럼….

정년퇴직? 움직일 힘만 있으면 언제까지고 할 수 있는 게 농사다. 내가 원하면 죽기 전까지 해도 되는 평생직장이다. 나이 들었다고 주위 사람 눈치 볼 필요도 전혀 없다. 주위를 돌아봤자 다들 나이든 사람들뿐이니까.

이렇게 좋은 게 많은데, 결정적으로 단점이 딱 한 가지 있다. '농사지어서는 돈벌이가 되지 않는다는 것!' 그것만 빼면 정말로 농사만큼 좋은 직업도 없는 것 같다. 그런데 제일 중요한 그 한 가지가 부족하니, 사람들이 좋은 줄 알면서도 시골로 내려오지 못하나 보다.

다만 한 가지 위안이라면 시골은 도시만큼 돈 쓸 곳이 많지는 않다. 혹시 정부에서 기초생활비를 보태줄 테니 시골로 가서 농사 지으라고 하면 안 될까? 기본적으로 먹고 살 돈은 줄 테니 복잡한 도시에서 빈둥대지 말고 시골에 가서 농사를 지으라고. 특히 은퇴했지만 아직도 생생한 베이비붐 세대인 나 같은 사람들에게 하는 말이다. 그러면 자연적으로 인구도 분산되고 좋을 텐데….

그분의 얘기를 듣고 보니 '농사처럼 편한 직업은 없다'라는 논리에 반박을 하려 해도 틀린 말이 하나도 없다. 하긴 세상에 어떤 직업인들 편하게 돈을 벌 수 있는 직업이 있으랴 싶기도 하다.

그렇다면 이렇게 좋은 천상의 직업을 갖고 있는 나는 행복하게 살아왔고, 지금도 행복해야 하는 것이 맞는다. 그런데 농부인 나는 지금 과연 행복한가?

오늘 예초기를 메고 하루 종일 풀을 깎았더니 어깨가 뻐근하고, 손도 덜덜 떨린다. 하지만 예쁘게 깎인, 온통 초록빛으로 물든 과수원의 풀 냄새가 상큼하다. 또 육체노동 후에 오는 약간의 노곤함도 있지만, 마음 한 구석에는 뿌듯함도 있다. 과연 이런 느낌도 행복이라고 말할 수 있을까? 글쎄, 잘은 몰라도 맞는 것 같기도 하다.

03
귀촌
– 그것은 선택의 문제다

시골로 들어가 사는 것을 보통 귀농 또는 귀촌이라고 말한다. 귀농은 도시에서 시골로 들어와 생업으로 농사짓는 것을 말하고, 귀촌은 시골에 들어와 살지만 생업이 농사가 아닌 경우를 말한다고한다.

만약 이러한 구분이 맞는다면 나는 분명히 귀농에 대해서는 말할 자격이 없다. 귀농한 분들처럼 열심히 농사를 짓지도 못했고, 당연히 먹고살 만큼 소득을 올려본 적도 없다(정부에서는 1000m² 이상을 농사지으면 귀농인으로 포함시킨다고 하니, 정부 규정대로라면 나도 귀농인이긴 하다).

14년 전에 시골로 와서 적당히 농사지으면서도 아직까지 죽지 않고 살아있는 것을 보면 내가 생각하기에도 정말 대견해보이기도 한다. 물론 내 경우는 시작이 남들과 조금 달랐을 수도 있다. 당장 농사에 목을 매고 달려들어야 할 정도로 절박하지도 않았고,

또 '조화로운 삶'을 운운하며 여유도 부렸으니까 말이다.

그렇다고 벌어 놓은 게 많아 평생 놀며 먹고살 수 있는 것도 아니었다. 한 푼이라도 아끼기 위해 마음대로 외식도 하지 못했고, 시골에 내려온 이후로는 해외여행을 가본 적도 없다. 자동차도 16년이나 탔다. 정부의 경유차 매연 규제만 아니었더라면 아마도 몇 년쯤 더 탔을지도 모른다.

물론 나야 내가 좋아 선택한 일이니 그렇다 치지만, 식구들은 남편/부모를 잘못 만난 덕분에 좀 고생을 해야만 했다. 직장을 그만 둘 무렵, 도시생활을 계속한다는 것이 무척이나 힘들었던 것 같다. 하루 이틀 그런 생활을 한 것도 아닌데 마음이 도시를 떠나 있으니 더 힘이 들었는지도 모르겠다. 출근길이 막히니 새벽 6시 30분이면 집을 나서야 했고(집은 일산에 있고, 사무실은 강남에 있었다), 자정이 다 되어서야 집에 돌아갔다.

잠시 집에서 눈을 붙이는 정도이니 가족들과 함께 시간을 보낸다는 것은 생각할 수도 없었다. 주말에도 어쩌다 집에 있는 날에는 하루 종일 잠만 잤다. 그러다가 도시를 떠나기로 마음을 굳히게 된 것은 스콧 니어링과 헬렌 니어링의 〈조화로운 삶Living the good life〉이란 책을 보고 난 이후였다. 내가 알고 익숙해져 있던 도시생활을 벗어나더라도 또 다른 인생을 살아갈 수 있다는 가능성을 보게 되었다.

하지만 안다는 것과 실제로 그 길로 간다는 것에는 엄연히 큰 차이가 있었다. 책을 보고 희망도 생겼지만, 조금은 두렵기도 했다. 내가 익숙해져 있던 것들을 모두 버리고 새로운 삶을 찾아 떠나야 한다는 것이 결코 쉬운 일이 아니다. 하지만 그렇다고 언제까지고 다람쥐 쳇바퀴 돌리는 것과 같은 인생을 계속 살 수만도 없었다.

나와 비슷한 생각을 가지고 있는 친구들이 몇몇 있었다. 그래서 어쩌다 함께 모이는 날이면 하루빨리 직장을 때려치우고 스트레스 없는 시골에 가서 행복하게 살자고 다짐을 했었다. 그 친구들에게 〈조화로운 삶〉 책을 몇 권 사서 나누어 주었다. 내가 받은 충격을 그 친구들에게도 나누어주고 싶어서였다.

결국 제일 먼저 일을 저지른 것은 나였다. 회사에 사표를 내고, 업무를 인수인계하기까지 며칠을 더 나갔다. 그리고 한 달 간의 긴 휴가를 받았다. 그동안 휴가를 제대로 가본 적이 없어서 누적된 휴가가 한 달이나 남았다고 했다. 그리고 한 달 후에 사표가 정식 처리되었다.

내가 처음 시골로 간다고 친구들에게 말했을 때, 곧바로 따라올 것 같았던 친구들이 몇 명 있었다. 내가 시골로 내려온 이후에도 몇 차례나 우리 시골집을 보러 내려오기도 했다. 아마도 내 삶을 벤치마킹하고 싶어서였겠지. 하지만 마지막까지 나를 따라 시골로 내려온 친구는 한 명도 없었다.

이제 은퇴를 하고 할 일들이 없어지니까 다시 슬슬 연락이 오기 시작한다. 귀촌! 어쩌면 그것은 선택의 문제다. 도시에서의 삶은 경제적으로 윤택한 삶을 보장해줄 지는 모르지만 시간적으로는 바쁘게 얽매여 살아야 한다. 또 도시에서는 많이 버는 만큼 많이 써야 살아갈 수 있는 구조다. 사회 구조가 그렇다.

그러나 시골에서는 다르다. 경제적으로는 궁핍하지만 시간적으로는 여유가 있다. 물론 쓰기 나름이라고는 하지만, 사실 시골에서는 돈 들어갈 일도 별로 없다. 새 옷을 사 입을 일도, 내가 비교할 사람도, 나를 봐줄 사람도 없다. 밭에서 일하다 옷이 엉망이 된 채로 읍내에 나가도 전혀 눈치 볼 일이 없다. 밭이 많이 넓어진 지금은 그래도 조금은 조심을 한다.

어쩌면 귀촌이란 건 '돈이냐 인생이냐'의 선택인지도 모르겠다. 아내는 지금도 옛날 이야기가 나오면 아이가 어렸을 적에 아빠와 함께 보낸 시간이 거의 없다며 나를 원망하곤 한다. 미안하기도 하고 후회도 하지만 이미 엎질러진 물이고, 그래도 아이가 잘 자라 주었으니 다행이라면 다행이다. 농담 삼아 지금이라도 아이와 같이 놀아주겠다고 해보지만, 이미 다 커버린 아이는 나와 놀 마음이 전혀 없다.

무엇이든 다 때가 있는 법이고, 이미 지난 일은 돌이킬 수도 없다. 그래서 때로는 멈추어 서서 자신의 길을 뒤돌아봐야 한다. 자신이 진정으로 원하는 것이 경제적으로 윤택한 삶인지, 아니면 시간적으로 여유로운 삶인지를 한 번쯤 심각하게 고민해볼 필요가 있다. 한 가지 확실한 건, 난 다른 사람들보다는 좀 더 빨리 내가 가고 싶었던 길을 선택했다는 것뿐이다.

내가 과연 최선의 길을 선택했는지는 아직도 잘 모른다. 아마도 죽기 직전에야 깨달을 수 있는 질문인지도 모르겠다. 그렇지만 나에게는 윤택한 삶보다는 여유 있는 삶이 더 소중했던 것 같다.

지금도 조용한 이슬비가 촉촉이 내리는 날이면 행복하다. 느긋하게 거실에 앉아 커피 한 잔을 들고 거실 창문 너머로 보이는 온통 초록빛인 세상을 쳐다본다. 비에 젖어 진한 녹색을 띠고 있는 풀과 잎들이 더욱 싱그럽다. 며칠 전 꽃 몽우리가 생긴 것 같더니만 어느새 앞마당 작은 화단에는 아이리스(붓꽃)가 활짝 피었다. 오늘 따라 아이리스의 보랏빛 꽃이 유난히도 고운 것 같다.

04

귀농도
돈이 있어야 한다

예전부터 친하게 지내던 지인으로부터 연락이 왔다. 시골에 내려와서 마음 편하게 농사지으며 살고 싶다고. 도시에 사는 것이 얼마나 힘이 들면 그런 생각을 하랴 싶었다. 그런데 마음 편한 농사라는 게 있는지, 나도 잘 모르겠다. 사실 시골생활도 생각만큼 녹녹치가 않다.

오랫동안 연락이 두절되어 잘 알지는 못해도 사업이 어렵다는 얘기는 어렴풋이 흘려들은 적이 있었다. 그리고 이제야 연락이 왔는데, 전화로 부정적인 이야기만 할 수는 없었다. 그래서 한 번 놀러 오시라고 말은 했는데, 도대체 이야기를 어떻게 풀어가야 할지 고민이 많았다.

그분은 그래도 농사지을 수 있는 땅이 6,000m²(약 1,800평)나 있다. 전체가 본인 것은 아니더라도 장기간 걱정 없이 농사지을 수는 있는 땅이다. 그런데 문제는 땅만 있다고 과수 농사를 할 수 있는 게 아니란 사실이다. 그분이 복숭아 농사에 관심 있어 하시니 이 경우 필요한 것들을 추정해 보았다.

먼저 땅 만들기부터 시작해야 한다. 지금 그 밭은 온갖 잡목들로 엉망이 되어 있으니 먼저 굴착기로 땅을 정리해야 한다. 돌도 엄청 많으므로 골라내야 한다. 예전에 그 땅에 매실나무를 심은 적이 있는데, 돌투성이의 밭에 물도 나와서 나무가 거의 다 죽었다. 굴착기로 대강 물길을 내주었다는데 그 정도로는 안 되는 모양이었다. 복숭아 농사를 지으려면 유공관을 묻고, 배수로도 잘 만들어야 한다.

그리고 밭이 경사가 있고 크진 않아도 면적이 제법 되므로 농기계 없는 농사를 짓지 못한다. 농약을 뿌리려면 'SS기(고속분무기)'가 필요하고, 물건들 실어 나르려면 당연히 트럭도 있어야 한다. 시골에서 농사지으려면 트럭은 필수다. 기타 필요한 갖가지 농기구(예초기 포함)들은 아예 계산에 넣지도 않았다. 물론 처음에는 무조건 몸으로 때우려 할 수도 있지만, 그래서는 몸부터 망가진다.

물이 부족하면 지하수도 파야 한다. 근처에 흐르는 샘물이 있지만 가뭄이 들면 말라버릴 수도 있다. 관수시설도 해야 한다. 요즘 같은 변덕스러운 날씨에 하늘만 쳐다보고 있어서는 농사 망친다. 창고도 지어야 한다. 수확한 복숭아 작업하려면 지붕 있는 창고가 있어야 한다. 한쪽에는 농자재 쌓아놓을 공간도 있어야 한다.

그게 다 돈이다. 그런데 묘목을 심고 나무가 자라서 정상적인 소득을 보려면 5년은 기다려야 한다. 그 사이에 열매가 없어도 복숭아나무는 방제를 꾸준히 해줘야 한다. 당연히 거름도 줘야 하니 농약, 퇴비 등 농자재 비용도 해마다 몇 백만원은 족히 들어간다. 초창기에는 소득은 고사하고 지출만 있는 셈이다.

살 집도 있어야 한다. 혹시 빈집이라도 있으면 좋으련만, 요즘은 시골에도 조금 손보고 살 수 있는 빈집은 거의 없다고 봐야 한다. 아주 깊은 산골이라면 모를까. 집을 새로 짓거나 구입할 수 없다면 임대라도 해야 한다.

그리고 제일 중요한 것, 최소한 5년간 먹고 살아갈 생활비도 있어야 한다. 여유자금이 충분하지 않다면 익숙하지 않은 시골 일을 할 각오를 단단히 해야 한다. 그것도 만만찮은 게 시골에 일손이 부족하다고는 하지만 주로 농번기에만 부족한 것이므로, 먹고살려면 꾸준히 소득을 올릴 수 있는 다른 직업을 가져야 한다. 그런 와중에 과수 농사짓는 기술도 익혀야 한다.

요즘 날씨에는 평생 농사지은 분들도 본전 뽑기 힘들다고 하는데, 처음 과수 농사지으면서 남들처럼 소득을 올린다는 것은 하늘의 별 따기다. 교육받는다고 하루아침에 되는 것도 아니고, 숱한 실패를 겪으면서 하나씩 배워나가야 한다.

이 모든 역경을 극복한다고 해도 5년 뒤에 발생하는 복숭아 농사 평균 매출은(정부 발표 자료) 평당 1만~3만원이라고 한다. 복숭아는 재배기술에 따라 판매 금액에서 차이가 많이 난다. 잘해서 중간쯤 농사지었다고 치면 1,800평의 땅에서 3,600만원의 매출을 예상할 수 있다는 얘기다. 여기서 필요한 농약 값과 농자재 비용, 기타 경비(30% 반영)를 빼면 약 2,500만원의 연간 소득이 나온다. 이 금액이 부부가 1,800평 복숭아 농사지어서 벌 수 있는 금액이다.

부부가 함께 일 년 내내 농사지어서 월 200만원 조금 넘는 소득이 생기니 두 사람 인건비를 따지자면 답이 나오지 않는다. 물론 직거래를 해서 소득을 좀 더 올릴 수도 있겠지만, 반대로 요즘처럼 변덕스러운 날씨에 일 년 농사를 순식간에 망칠 수도 있다. 따라서 시골에 정착해서 과수 농사를 지으려면, 그것도 시골에 기반이 없다면 집과 농사지을 땅과 5년간 먹고 살 생활비 이외에도 초기 시설투자비가 있어야 한다. 그리고 소득은 5년 후에나 발생한다.

만약 농사지을 땅도 없어 임대하거나 정부에서 자금을 지원받아 시설투자를 했다면 그 금융비용만큼 소득은 더 줄어든다. 그래서 사람들은 과수보다는 소득이 적은 줄 알면서도 밭작물을 더 많이 하게 된다. 또 안정적인 소득을 위해서라면 농사보다는 차라리 어디 직장에라도 다니는 편이 더 나을 수도 있다. 그래서 시골에서도 대부분의 가정이 농사만 짓는 것이 아니라 부부 중 한 사람은 다른 직업을 가지고 있다.

최근 정부 발표 자료에 의하면, 가구당 순수하게 농사로 벌어들이는 소득은 연간 1천만원 내외밖에 되지 않는다. 따라서 돈 없으면 시골 와서 농사짓기도 힘들고, 대규모로 농사를 짓는 것이 아니라면 농사만 지어서는 먹고살기도 힘들다. 세상에 마음 편한 농사란 없다. 이것이 우리 농촌의 현실이다.

P.S. 내가 너무 부정적으로 설명했는지는 몰라도 그 지인은 시골 와서 농사짓겠다는 계획을 포기하셨다. 그런데 아무리 다시 봐도 내가 필요 없는 비용을 부풀려 놓은 것도 없고, 또 소득을 크게 늘일 수 있는 방법도 보이지 않는다. 어쩌면 1,800평이란 작은 땅이 갖고 있는 한계일지도 모르겠다.

05
귀촌
– 적절한 땅의 크기는?

귀촌하여 시골에서 살려면 얼마만 한 크기의 땅이면 적당할까?
물론 정답이 없는 질문이다. 사람마다 상황이 다르고, 취향도 틀
리니까. 어떤 분은 마당에서 텃밭을 가꾸고 싶어 하시지만, 반대
로 풀 한 포기 뽑는 것도 싫어하시는 분도 계시다. 따라서 어떤
기준을 정한다는 것 자체가 조심스럽다.

  하지만 시골살이에 대하여 전혀 감도 오지 않는 분들을 위해서
몇 가지 내 경험을 말씀드리려 한다. 내가 지금 설명하고자 하는
것은 귀촌한 경우다(귀농에 대해서는 잘 모르겠다). 좀 더 구체적으로
말하자면, 은퇴를 했거나 은퇴를 앞둔 분들이 대상이다. 이 분들
은 나이가 50대 중반에서 60대 초반일 테고, 앞으로 시골에서 30
년은 족히 살아가실 분들이다. 그들은 시간도 많고, 아직 일할 수
있는 힘도 넘치신다. 농사가 생업은 아니지만 텃밭이나 정원도 가
꾸며 살고 싶어 하신다. 이 부분이 중요하다.

내 생각에는 이런 분들에게는 전용면적이 250~300평 정도가 되면 좋을 것 같다. 그 이유는 이렇다. 30평 정도의 집을 짓고, 주차장과 작은 창고(시골집에는 창고가 필수다), 수도가 딸린 장독대 그리고 작은 앞마당을 만들려면 아무리 줄여도 100~150평의 땅이 필요하다. 특히 잔디 깔린 앞마당이 중요하면 150평 정도는 있어야 모양이 나온다. 집을 지을 때에는 토지 경계선에서 일정 간격을 두고 지어야 하므로 죽은 공간이 예상외로 많이 발생한다.

거기에 더해 텃밭을 만들고 관상수나 유실수 몇 그루를 심을 수 있는 땅이 있어야 한다. 그런데 텃밭은 50평은 되어야 한다. 그 정도는 되어야 텃밭 흉내만 내는 것이 아니라 실제로 우리 식구 먹을 고추나 파, 마늘 같은 대부분의 양념과 토마토와 같은 다양한 채소를 키울 수가 있다. 자급자족까지는 아니라고 해도 김장을 담글 수 있는 무, 배추도 심을 수 있고, 또 지속적으로 농사를 지을 수 있도록(연작 피해를 입지 않도록) 돌려짓기도 할 수 있다. 면적이 작아 계속 같은 품종만 심게 되면 농사 망하는 순간이 반드시 온다.

또 유실수든 조경수든 나무도 몇 그루 심어야 한다. 나무는 과수원처럼 경제성을 따져 빽빽하게 심는 것이 아니라 여유 있게 심어야 한다. 회초리 같은 나무를 심었을 초기에는 빈 공간이 많아 허전해 보이지만, 몇 년 만 지나면 키가 훌쩍 커 버린다. 그래서 뒤늦게 눈물을 머금고 아까운 나무를 잘라내는 사람들 많이 봤다

(고백하건대 우리 집도 그랬다). 여유 있게 나무를 심어야 하니 몇 그루만 심어도 50평은 훌쩍 넘어간다.

또 다른 중요한 이유로는 면적이 그 정도는 되어야 집이 넉넉해 보인다. 그래야 이웃집과 어느 정도 거리를 유지할 수 있어 답답하지도 않고, 건물 그림자나 소음도 피할 수 있다.

그러나 그 이상의 면적은 절대로 욕심을 부려서는 안 된다. 300평이 넘어가면 평범한 귀촌인이 감당할 수 있는 면적이 아니다. 힘이 있을 때는 그나마 관리할 수 있을지 몰라도 나이가 들면 넓은 마당은 애물단지가 된다. 이때부터는 여유 있는 귀촌생활은 사라지고 본의 아니게 일에 매인 고달픈 인생이 시작된다.

반대로, 대지 면적이 100~150평인 경우는 너무 작아 보인다. 대부분 시골의 전원주택 단지는 이 규모로 분양이 되는데(도시는 더 작다), 실제로 가보면 집들이 다닥다닥 붙어 있다. 창문을 열면 옆집이 다 보이고, 심지어는 옆집 싸우는 소리도 다 들을 수 있다. 마당에는 옆집 그림자도 진다. 대개 이런 주택은 텃밭이라고 해야 기껏 몇 평 정도이고, 남은 작은 공간에는 잔디가 심어져 있다.

물론 이런 집들이 모여 있으면 예쁘기는 하다. 하지만 이런 집들은 대부분 아직도 사회생활을 하고 있거나, 지금 당장은 텃밭 농사에는 별 관심도 없는 경우다. 텃밭은 일주일에 한두 번 가서 일하고 돌아오는 주말농장이 아니다. 현관문만 열면 바로 보이는 노년의 쉼터이자 일터다. 하지만 10평 정도의 작은 규모로는 날마다 할 일도 없다. 처음에는 그 정도로도 충분하다고 생각할지도 모르지만 조금만 시골생활에 익숙해지면 곧바로 후회하게 된다. 남아 있는 30년을 그 작은 텃밭만 쳐다보며 살 수는 없으니까 말이다.

혹시 10평의 텃밭도 크다고 하실 분이 계실지도 모르겠다. 아마도 그런 분은 다른 직업이 있거나 다른 취미 활동을 하느라 바쁜 분일 거라고 추측해본다. 이 경우는 단지 집만 전원주택에 사는 것이고, 어차피 생활방식은 도시에서 사는 것과 같다. 그럴 바에는 차라리 아파트에서 사는 편이 훨씬 나아 보인다.

시골에 있는 단독주택에서 살려면 불편한 점이 한두 가지가 아니다. 본인이 직접 해야 할 일도 많고, 돈 들어가는 일도 많다. 텃밭과 마당이 꼭 필요한 게 아니라면 치러야 할 대가가 너무 큰 게 바로 전원주택이다.

그런데 정말 중요한 사실은 땅이 100평이든 300평이든 다 우리네 희망사항이고, 실제로 시골 땅은 그렇게 작은 규모로 거래되는 것이 거의 없다는 데 있다. 혹시 있다면 마을 안에 있는 구옥이거나 전원주택 단지로 분양하는 땅뿐이다. 시골에서 나에게 맞는 크기의 땅을 찾기란 정말 어렵다. 그래서 대부분의 사람들은 너무 작은 땅을 사서 후회를 하거나 능력 밖의 큰 땅을 사서 고생을 한다.

땅 찾기가 쉽지는 않겠지만, 혹시 시골 땅 구입하실 때 조금이라도 도움이 되었으면 해서 이 글을 쓴다. 물론 어떤 땅을 사든 선택은 본인 맘이다.

집 지을 때
한 번쯤 고려해야 할 것

시골에서 살려면 아마도 제일 먼저 해야 할 일은 집을 구하는 일이다. 집은 새로 분양하거나 이미 지은 전원주택을 구입할 수도 있고, 기존 시골집을 구입하여 수리하는 방법도 있다. 또 시간도 많고 능력도 되시는 분은 본인이 직접 지을 수도 있다. 물론 우리 집처럼 일단 시골의 아파트에 살며 시간을 갖고 집을 짓는 것도 한 방법이 될 수 있다. 각 개인마다 상황이 다르므로 어느 방법이 좋다고 딱히 이야기하기는 어렵다.

만약 새로 집을 짓는다면 한 번쯤은 고려해야 할 것들을 생각해봤다. 물론 내 경험을 토대로 이야기하는 것이므로 상당히 주관적일 수도 있다. 하지만 집짓기를 처음으로 고민하시는 분이라면 내 경험이 조금은 도움이 되지 않을까 싶다. 귀촌하여 짓는 집은 몇 년만 살다 떠날 집이 아니다. 어쩌면 늙어서 죽을 때까지 살아야 하는 삶의 공간일 수도 있다. 그만큼 집은 부부가 늙었을 때의 상황도 고려해야 한다.

따라서 집 크기는 부부만을 위한 공간이면 충분하다. 내가 지금 살고 있는 집은 30평이다. 그런데 이 집을 지으면서 "왜 그렇게 작게 집을 짓느냐?"라는 말을 많이도 들었다. 그 당시는 커다란 전원주택이 유행하던 시기이기도 했다. 아마도 시골로 이주하면서 자신의 재력을 과시하고 싶었는지도 모른다.

'나 망해서 시골로 온 것 아니거든!'

그래서 사람들은 전원주택이라고 하면 당연히 커다란 이층집을 지었고, 마당에는 너도 나도 할 것 없이 잔디를 깔았다. 또 주말이면 도시에서 온 사람들이 북적거리며 고기를 구워 먹었다. 비싼 고급차로 마을길 다 막아놓고.

큰 집을 짓는 이유도 명확했다. 이 다음에 자식들이 결혼하여 가족들을 데리고 오면 최소한 온 식구가 함께 잠을 잘 수 있는 공간이 있어야 한다고 했다. 그런데 막상 시골에 살다 보니 그런 일은 거의 벌어지지 않는 것 같다. 요즈음 젊은 세대가 일 년에 몇 번이나 시골집에 와서 자고 가겠는가? 또 그 몇 번의 방문을 위해 꼭 큰 집을 지어야 할까? 어차피 남겨지는 것은 부부 두 사람뿐인데.

큰 집에서 살 때 감수해야 할 것들을 생각해보면, 일단 집이 크면 청소하기가 힘들어진다. 만약 2층이라도 있으면 더 힘들어진다. 더 중요한 것은 겨울이면 난방비가 엄청 나온다. 지금도 많은 시골 사람들은 난방은 최소로만 하고, 전기장판으로 겨울을 보낸다.

그리고 집은 단층으로 지어야 한다. 외관상으로 볼 때, 집은 이층으로 지어야 멋있다. 단층집은 왠지 모르게 초라해 보인다. 그러나 실용성 측면에서 보자면 이층은 노인들이 사용하기 힘든 공간이다. 땅값이 엄청나게 비싼 도시에서는 땅의 효용을 높이기 위해 이층으로 집을 짓는다고 하지만, 땅값이 싼 시골에서는 굳이 이층으로 집을 지을 필요가 없다. 무릎이 아파서 이층에는 일 년 내내 올라가지 않는다는 사람들도 많다. 나도 처음에는 집을 이층으로 설계했었는데, 그 말을 듣고 단층으로 변경했다. 나에게는 멋보다는 실용성이 더 중요했다.

무엇보다 집은 단열을 확실히 해야 한다. 예전에는 추위에는 약해도 더위에는 강했던 것 같은데 이제는 추위도, 더위도 못 참겠다. 나이 드니 작은 환경변화에도 민감해지는 것 같다. 집은 여름에 덥지 않고, 겨울에 춥지 않아야 한다. 그러려면 집 지을 때 단열에 신경을 써야 하는데, 집 지을 당시에 단열재로 사용하는 금액은 그리 크지가 않다. 그러나 나중에 단열공사를 추가로 하려면 비용이 몇 배로 늘어난다.

상식적인 이야기지만, 같은 평수라고 하더라도 단순한 사각형 구조일수록 외벽의 면적은 작아진다. 외벽의 면적이 줄어들면 그만큼 열 손실도 줄어들고, 공사 자재와 시공비도 줄어든다. 소위 단열 성능이 좋은 패시브 하우스치고 외형이 복잡한 집은 없다. 요즘은 성능도 좋고, 값도 싼 단열재가 많이 있다.

시골에 지은 주택은 가격이 급격히 하락한다. 그래서 시골의 농가주택들은 지은 지 10년쯤 지나면 매매 시 건물 가격을 거의 인정받지 못한다. 집에 큰 금액을 투자하면 그만큼 하락폭도 클 수밖에 없다. 시골의 주택이나 땅은, 도시의 아파트와는 비교가 되지 않을 정도로 환금성도 떨어진다는 점을 명심해야 한다.

또 마을의 집들과 어울리지 않게 커다란 고급 주택에 살게 되면 마을 주민들과 어울리기도 쉽지 않다. 위화감에 쉽게 다가서려는 마을 주민들도 거의 없다. 그런 집은 주중에는 내내 문이 닫혀 있고 사람 그림자도 잘 보이지 않는다. 당연히 뒤에서는 마을 주민들 수군거리는 소리가 계속 들려올 테고.

끝으로 한 가지 덧붙인다면, 우리 부부가 쉽게 시골에 적응할 수 있었던 것은 아마도 동네 분들과 쉽게 동화될 수 있었기 때문이었던 것 같다. 우리 부부가 집을 지을 때(집의 상당 부분을 우리 부부가 직접 지었다), 순식간에 온 동네에 소문이 났다고 한다. 그리고는 수시로 동네 분들이 염탐을 하러 오셨다. 도시에서 온 젊은 부부라고 하니 과연 어떤 인간들인지 확인하고 싶으셨나 보다. 아마도 쉽게 다가설 수 없는 쌀쌀맞은 외지인의 모습을 예상하셨던 것 같다.

그런데 막상 와보니 꼴이 영 말이 아니었다고 한다. 먼지를 뒤집어쓰고 일하는 모습이 측은하고 안쓰럽기까지 했다고 한다. 아마도 '우리나 저들이나 별반 다를 게 없네!'라고 생각하신 게 틀림없다. 그래서 순식간에 우리 부부에 대한 경계심이 사라지신 것 같다. 그 분들이 우리에게 건넨 첫 말씀은 "뭐 도와줄 일이 없느냐?"였다.

꼭 그런 이유가 아니더라도, 나는 집은 가급적이면 작고 소박하게 짓기를 권하고 싶다. 만약 내가 앞으로 다시 집을 지을 기회가 있다면 지금보다도 더 작게 지어도 괜찮겠다는 생각을 한다. 영화 〈인생 후르츠〉에 나오는 노부부처럼, 나이 들어서는 원룸에 사는 것도 크게 나쁘지는 않을 것 같다. 물론 아내야 극구 반대하겠지만. 아내는 방 두 개짜리 집이 양보할 수 있는 마지노선인 것 같다.

그동안 살아보니 우리 부부에게는 작더라도 따뜻한 집이 최고다. 이 정도 크기면 됐다. 그리고 더 중요한 것은, 나는 집(건물)에 큰돈 투자하고, 돈에 쪼들리며 살아갈 마음이 조금도 없다는 사실이다.

07
집짓기
좋은 땅이란?

난 풍수지리에 대해서는 잘 알지 못한다. 내가 부동산에 특별한 관심이 있는 것도 아니고, 그렇다고 무슨 전문성이 있는 것도 아니다. 그러나 시골에서 지난 10여 년을 살다보니 이런 곳에 집을 지으면 좋겠다는 생각이 드는 곳이 있다. 그래서 혹시 집 지을 땅을 찾는 분이 계시다면 한 번쯤 고려해 보셨으면 하는 내용들을 정리해봤다. 물론 듣고 보면 당연한 얘기고, 또 누구나 알고 있는 기본적인 사실들일지도 모른다. 하지만 이상하게도 현실에서는 무시하기 쉬운 내용들이다. 도시 사람과 시골 사람이 중요시하는 환경적인 요건에는 분명히 큰 차이가 있다. 그것은 실제로 살아본 사람만이 알 수 있는 차이다.

첫째. 집에는 햇빛이 잘 들어야 한다. 해가 떠서 질 때까지 하루 종일 집에는 햇빛이 들어야 한다. 시골에서 겨울을 한 해만 지내보면 햇빛이 얼마나 소중한지 알게 된다. 그래서 시골집은 해가 늦게 뜨고 일찍 지는 산으로 둘러싸인 지역에 지으면 안 된다. 그런 곳은 겨울이 되면 아침 느지막해서 햇빛이 비추기 시작하고, 오후 두세 시만 되면 벌써 어둠이 깔리기 시작한다.

향도 좋아야 한다. 북향집은 정작 중요한 거실이나 앞마당에 그늘이 진다. 사람들이 남향집, 남향집 하는 데는 그만한 이유가 있는 법이다. 업자들은 요즘 단열재가 좋아져서 괜찮다고 유혹하지만, 단순히 단열재로 해결될 문제가 아니다. 시골에서는 난방도 선택의 폭이 적고, 비용도 녹록지가 않다. 또 햇빛과 전등 빛은 하늘과 땅 차이다. 집이 어두우면 눅눅해 보이고 집안 분위기도 우울해진다. 춥고 음침한 집은 절대로 안 된다.

둘째. 도로가 좋아야 한다. 눈이 오더라도 언제고 다닐 수 있는 도로여야 한다. 큰 도로에서 벗어나 산을 넘고 언덕을 넘어야 집에 도착한다면 일 년에 몇 번은 고생을 할 각오를 단단히 해야 한다. 눈이 오면 시골은 큰길이라고 하더라도 도시에서처럼 잽싸게 눈을 치워주지 않는다. 더구나 집이 큰길(2차선 도로)에서 떨어져 있다면 집까지 들어가는 작은 길은 본인이 치울 각오를 해야 한다. 눈길 몇 십 미터만 치워보면 눈이 원수가 된다. 눈만 오면 치를 떠는 사람들 많이 봤다. 아니면 아예 집안에 틀어박혀서 꼼짝도 하지 말던가.

마을에서 트랙터로 눈을 치워주므로 괜찮다는 사람도 있다. 물론 그럴 수도 있다. 그런데 눈이 꼭 시간 맞춰서 오나? 마을 사람들은 잠도 안 자나? 외출했다가 밤늦게 마을에 도착했는데, 갑자기 쌓인 눈으로 차가 작은 언덕이 있는 집까지 올라갈 수가 없다. 그러면 차 트렁크에서 등산용 신발로 갈아 신고 지팡이 짚고 집으로 올라가야 한다(이런 곳에 사시는 분은 트렁크에 등산용 장비를 싣고 다니는 게 필수다). 살다보면 항상 예외가 있기 마련이고, 정작 필요할 때 그 예외가 발생하기라도 하는 날에는 끝장이다.

그래서 땅을 구입하기 전에, 눈이 왔을 때 차를 타고 집까지 들어갈 수 있는지 머릿속에 꼭 그려봐야 한다. 시골의 좁은 도로는 대부분 시멘트 도로이므로 눈이 오거나 그늘이 지는 곳은 쉽게 얼어붙는다. 그런 길은 자그마한 경사만 있어도 차가 뒤뚱거리며 올라가지 못한다. 더구나 도로 옆은 논두렁이거나 수로인 경우가 많다.

셋째. 비 피해가 없도록 땅이 약간은 높아야 한다. 집 지을 땅은 비가 오더라도 집안에 물이 들이치지 않을 정도로 약간은 높아야 한다. 요즘은 날씨가 많이 변덕스럽고, 또 비가 왔다 하면 집중폭우인 경우가 많다. 시골은 농사짓는다고 멀쩡한 흙을 파헤쳐 놓기 때문에 산사태도 발생하고, 도랑도 순식간에 넘쳐버린다. 갑자기 집안에 물이 들이치면 얼마나 난감하고 무서운지 모른다.

우리 집 바로 위에 인삼밭을 만든다고 땅을 다 파헤쳐 놓았다. 폭우가 쏟아지자 흙이 쓸려 내려왔다. 멀쩡했던 도랑이 흙으로 메워지면서 물이 넘쳤다. 그나마 지대가 높은 우리 집 마당에는 잠깐 물이 들이치는 정도로 그쳤지만, 우리 집 아래에 있는 도로와 이웃집은 아예 진흙으로 뒤덮였다. 비 올 때마다 읍사무소 직원들까지 동원되어 몇 차례나 진흙을 퍼내며 고생을 해야 했다. 그 다음 해에 바로 큰 수로 두 개를 길 양쪽으로 만들어 주었다.

여기까지 이야기하면 사람들은 대부분 고개를 끄떡거린다. 동의한다는 표시다. 그런데 막상 구입한 땅을 보면 지금까지의 얘기는 아예 못 들은 셈 치는 것 같다. '도시 사람들은 땅을 찾을 때 산소 자리를 찾는다'고 한다. 집 지을 자리를 찾아 자꾸 산 위로만 올라가려 한다고 해서 나온 말이다.

물론 산 위로 올라가면 햇빛도 잘 들고, 전망도 좋다. 비 피해도 없다. 그런데 문제는 도로다. 눈이 오면 차가 내려오지도, 올라갈 수도 없다. 내 생각에는 그곳에 사는 사람들은 크게 세 부류다. 여름 별장으로 쓰는 사람, 집에만 틀어박혀 지내는 사람, 그리고 땅을 치며 후회하는 사람이다. 그래서 토박이들은 절대로 산 위에 집을 짓지 않는다.

이외에도 고려해야 할 사항들이 많겠지만 사실 완벽한 땅은 찾기도 힘들고, 또 입지가 좋은 곳은 그만큼 비싸다. 도시 사람들이 중요시하는 전망이 좋거나, 물이 보이거나, 혹시 옆에 개울이라도 흐르면 곳이면 땅값은 이미 많이 올라 있다. 그러나 그것들은 시골살이를 하는데 필요한 절대적인 요건들은 아니다. 따라서 본인의 경제력에 따라 각자가 결정해야 할 문제다.

그러나 위의 세 가지 요건을 만족하지 못한다면 심각하게 다시 한 번 고려해볼 필요가 있다. 나중에 땅을 치며 후회하지 않으려면.

08
전원주택의 마당
– 자갈 깔기

전원주택을 지으면 처음에는 누구나 행복한 꿈을 꾼다. 특히 앞마당을 어떻게 꾸밀지 생각도 많다.

'앞뜰에는 잔디를 심어야지. 크고 멋진 소나무도 한 그루쯤 있으면 좋겠고, 과일이 주렁주렁 매달린 유실수도 있으면 좋겠다.'

아마도 이때가 제일 행복할 때인지도 모르겠다. 바로 그 맛에 전원주택에 사는 거니까. 하지만 막상 시골살이가 시작되면 그 많던 꿈들은 현실에 밀려 하나둘씩 사라져 간다.

우리 집도 몇몇 꿈은 이루었다. 우리 집 마당에는 소나무가 세 그루나 있고, 복숭아와 새콤한 맛의 자두나무도 있다. 더구나 가을이면 빨간 사과가 주렁주렁 열리는 탐스러운 사과나무가 엄청나게 많다(우리 집이 사과 과수원집이니까). 하지만 우리 집 앞마당은 파란 잔디가 아니고, 빈티가 풀풀 나는 자갈(쇄석)이 깔려 있다.

대부분 시골 전원주택에서 흔하게 볼 수 있는 마당은 잔디 아니면 자갈이다. 우리 집도 폼 나게 마지막 순간까지 마당에 잔디를 심고 싶었다. 하지만 과수원의 풀을 깎는 것도 벅차서 죽을 지경인데 마당에도 잔디를 심어 관리를 한다는 게 도저히 엄두가 나지 않았다. 그래서 잔디를 고집하는 아내에게 은근히 협박을 했다.

"당신이 잔디밭 잡초 다 뽑아줄 거면 심고…."

잡초란 원래 원하지 않는 곳에 저절로 자라나는 풀을 의미하는 말이다. 그러니 잔디밭에 자라는 다른 풀들은 다 제거해야 할 잡초다. 쪼그리고 앉기 힘들어 하는 나는 엉금엉금 기어 다니며 잡초를 뽑아야 할 테고, 아내는 호미질 몇 번 하고는 손목이 욱신거린다고 할 것이다. 그러다 보면 과수원이나 앞마당 잔디밭이나 전부 잡초 밭이 되는 건 시간문제다.

잔디가 보기는 좋아도 관리하는 게 결코 만만한 일이 아니다. 그래서 꿈을 접고 우리 집 마당에는 자갈을 깔았다. 풀 뽑으려고 시골로 온 건 아니니까.

처음에는 좋았다. 비용도 저렴하고 깔끔한 게 정말 잘했다는 생각이 들었다. 더구나 한여름에 남들처럼 땀 흘리며 풀을 깎을 필요도 없었다(단 자갈은 시간이 지나면 다져지기 때문에 몇 년에 한 번씩 새 자갈을 다시 덮어줘야 한다). 비가 와도 물이 쏙쏙 빠지는 게 배수도 잘되고 만족스러웠다.

그런데 시간이 지나며 이 자갈 위에도 풀이 자라기 시작했다.

세월이 지나면 흙이 자갈 위로 떨어지게 마련이고, 풀씨가 날아들면서 잡초가 자랐다. 처음에는 별로 많지 않으므로 그까짓 것 하며 손으로 뽑아주었다. 문제는 시간이 지날수록 점점 풀이 많아지는 것 같더니 어느 순간 도저히 손으로는 뽑을 수 없는 상황이 오고 말았다. 정말 순식간에 당해버린 일이다.

자갈 위에서 자라는 풀들은 끈 예초기로도 깎을 수가 없다. 예초기를 돌리면 자갈들이 튀어서 온 방향으로 날아다닌다. 우리 집 개들은 몇 번 자갈에 맞더니만 예초기를 돌리기만 하면 집안으로 도망쳐버리고, 거실 창문에 있는 방충망도 날아간 돌에 구멍이 났다. 더구나 풀 깎다 튄 돌에 맞으면 무지 아프다.

내가 선택할 수 있는 방법은 대강 긴 풀만 뽑아주고 풀과 같이 살든가 아니면 제초제를 뿌려주는 것뿐이다. 아! 잡초를 무시하고 사는 방법도 있다. 잡초가 있어도 없는 것처럼, 보여도 보이지 않는 것처럼 사는 방법이다. 문제는 이 방법이 우리 식구에게는 꽤나 괜찮은 것 같은데 우리 집을 방문하는 사람들이 더 심란해한다.

"제발 마당에 제초제 좀 쳐라!"

그러나 절대로 제초제를 사용하지 않겠다는 내 신념도 있고, 또 아무 생각 없이 제초제 뿌린 자갈 위를 뛰어다닐 우리 집 개들을(새침이와 호돌이) 생각하면 결코 못할 짓이다. 그렇게 뛰고 나서 제 발을 핥고도 남을 녀석들이니까.

아스콘 포장은? 한여름이면 열기에 뜨거운 바람이 훅훅 불어온다고 한다. 그까짓 더운 바람쯤은 참는다고 하더라도, 더 중요한 것은 비용이 꽤나 비싸다. 예전에 깔끔한 게 보기에 좋아 앞마당 일부를 아스콘으로 포장하는 것도 생각해봤는데 비싸서 포기했다.

보도블록을 깔아주는 것도 고려해 보았지만 그 역시 비용이 만만치가 않다. 또 마당이 작으면 보도블록으로 단장을 해도 예쁘겠지만 면적이 넓어지면 과연 보도블록이 어울릴지도 잘 모르겠다. 우리 집 마당은 결코 작은 면적이 아니다.

전원주택 지은 지 오래되었는데도 마당의 자갈이 깔끔한 집은 부부가 엄청나게 부지런해서 날마다 풀을 뽑아주거나 아니면 제초제를 뿌렸다고 봐야 한다.

이렇게 내가 망설이는 동안에도 우리 집 앞마당의 잡초는 해마다 영역을 넓혀가고, 우리 부부는 속수무책으로 당하고 있다. 어느 날엔가는 내 인내심도 바닥이 나서 제초제를 갖다 붓는 날이 올지도 모르겠다. 더욱이 잡초가 극성을 부리는 여름철에는 차라리 마당에 시멘트를 확 부어버릴까 하는 유혹마저도 떨쳐버릴 수가 없다.

처음 집 지을 때에는 마당도 어떻게 만들 것인지 미리 생각을 해두어야 한다. 무엇으로 마당을 만들든지 제일 중요한 것은 자신의 능력에 맞게 마당의 크기도 적당해야 한다는 사실이다. 심란한 우리 집 마당을 보면 떠오르는 말이 있다.

'작은 것이 아름답다!'

09
우리 집 마당
블록 공사

우리 집 뒤뜰은 항상 엉망이었다. 처음에 가격도 싸고 깔끔해 보이는 자갈을 깔아주었지만, 한두 해가 지나자 자갈 사이로 풀들이 올라왔다. 수돗가 근처에 있으니 풀들이 더 잘 자랐던 것 같다. 게다가 일을 하다 노란색 플라스틱 사과박스를 바닥에 내려놓으면 박스 틈새에 자갈이 끼었다. 이 낀 자갈들로 바닥이 긁히기도 했고, 자칫하면 박스 안에 들어 있던 내용물과 자갈이 섞이기까지 했다. 그렇다고 일하다 말고 매번 자갈을 빼내자니 여간 번거로운 게 아니었다. 막상 자갈 마당을 사용해보니 불편한 게 한두 가지가 아니란 생각이 들었다.

아무래도 무슨 대책을 찾아야 했다. 참다못해 예전에 화단 만들고 남은 시멘트 벽돌을 가져다가 뒤뜰에 깔아주었다. 양이 많지도 않아 일부분밖에 깔아주지 못했다. 먼저보다는 사용하기에 조금 나아졌을지 모르지만 보이는 모습은 더 형편없어졌다. '없이는 살아도, 없어 보이는 것은 못 참는다'는 말도 있는데, 내가 이렇게 궁상을 떨며 살고 있는 이유는 바로 트럭이 없기 때문이다. 시멘트 블록을 실어올 트럭이! 그렇다고 배달을 부탁하자니 배보다 배꼽이 더 커진다. 없는 살림에 그렇게는 못 산다.

시골에서 농사를 지으려면 트럭은 필수다. 크지는 않아도 농사 랍시고 사과 과수원을 운영하고 있으니 트럭이 없다는 것은 어찌 보면 말도 안 되는 얘기다. 그렇다고 막상 트럭을 사려고 하면 실제로 일 년에 사용할 일이 몇 번 되지도 않는 것 같다. 그래서 망설인 지 벌써 십여 년이 되었다. 그래도 지금까지도 버텨온 것을 보면 '트럭 없이도 농사지을 수 있다'고 말할 수 있을지도 모르겠다. 단 그러려면 나처럼 주위 분들과 좋은 관계를 유지할 수 있어야 한다. 아쉬울 때 도움을 받으려면. 하지만 '빈대도 낯짝이 있다'고 이런 사소한 일로 트럭을 빌리자고 할 수도 없었다.

어느 날 지인 집에 놀러 갔다가 마당 공사를 한다고 보도블록을 구입해 놓은 것을 보게 되었다. 역시 우리 집 시멘트 벽돌과는 격이 다른 것 같았다. 지인은 내 부러워하는 모습을 보더니, 만약 내가 블록을 구입하겠다면 자기 트럭으로 운반해주겠다고 한다. 그래 준다면 나야 말할 수 없이 고맙고! 원래 이런 물건의 배달 비용이 비싸다는 것을 익히 알고는 있지만, 막상 물건 값보다 비싼 운반비를 지불하려면 가슴이 떨린다.

지인 덕에 우리 집도 보도블록 한 팔레트(20×20×6cm, 425장)를 구입하게 되었다. 사람들이 겨자 색을 선호하지 않는지, 겨자 색 보도블록은 싸게 주겠다고 하므로 당연히 그것을 샀다. 우리 집 뒤 뜰을 생각하면 색상에 신경 쓸 겨를이 없다. 이제 슬슬 놀면서 예전에 시멘트 벽돌로 화단Raised bed을 쌓던 실력을 발휘할 때가 되었다.

며칠 만에 뒤뜰이 완전히 바뀌었다. 구입한 보도블록의 양이 충분치 않으므로 고무통이 놓여 있는 수돗가 근처에는 원래 있던 시멘트 벽돌을 활용했다. 앞부분에는 약간 경사가 있는데, 그 이유는 가을에 사과박스를 나를 때 외발 수레가 쉽게 올라올 수 있도록 턱이 지지 않게 만들었기 때문이다. 남은 보도블록으로는 집 앞마당에 외발 수레 다니는 길을 만들었다. 가을에 수확한 사과를 저장고로 나를 때 자갈밭에 사과 박스를 실은 무거운 외발 수레바퀴가 빠져 힘이 들었는데, 이제 그럴 일은 없다.

깔끔한 모습에 아내가 무지 좋아한다. 그런데 누구 잡으려고, 앞마당을 보도블록으로 다 바꾸면 어떻겠냐고 묻는다. 생각해 보겠다고 대답을 했지만, 올해 토목공사는 이것으로 끝이다. 공사가 다 끝나고 보니 깨진 보도블록 한 장이 남았다. 참 알뜰하게도 공사를 했다. 보도블록이 상당히 무거워 여자가 도울 수 있는 일이 아닌데, 오늘은 아내가 보도블록을 날라줘 생각보다 일이 빨리 끝났다. 역시 쪼그리고 앉아 일하는 것은 힘들다. 그리고 이 잘난 작업 하는데 며칠이나 걸렸다. 제법 힘은 들었지만 보람은 있었다. 그리고 깔끔한 게 보기에도 좋았다.

10

전원주택 마당에는
어떤 나무를 심을까?

찬바람이 불고 땅도 얼어붙는 한겨울이면 농사꾼들은 긴 휴식기에 들어간다. 하지만 휴식기라고 해서 놀기만 하는 것은 아니다. 때로는 봄이 오면 정원을 어떻게 가꿀 것인지 구상도 한다.

'내년에는 맛없는 살구는 뽑아버리고 다른 나무를 심어볼까?'

집 짓고 나서 단 한 번에 제자리를 찾아 나무를 심을 수 있는 사람은 별로 없다. 그럴 능력이 있으면 이미 아마추어가 아니다. 넓은 마당에 회초리 같은 나무를 심으려니 빈 공간이 너무 많아 보였다. 그래서 좀 가까이 심었는데 나무가 자라면서 가지들이 엉켜버렸다. 또 울타리 가까이 심었더니 가지의 절반은 옆집으로 넘어가 버렸다. 멀쩡하던 나무가 갑자기 얼어 죽기도 한다. 또 분명히 맛있다는 과일을 심었는데 나중에 보니 맛이 영 아니다. 그래서 나무를 심었다가 뽑아버리고 옮겨심기를 반복하니 나무가 몸살을 앓고 때로는 죽기도 한다.

해마다 이런저런 이유로 사들이는 묘목도 적지 않았으니, 원예 종묘사에서는 우수고객이라고 원예용 책자도 공짜로 보내왔다. 물론 그동안 수많은 실패를 통해 내공이 제법 쌓인 지금은 예전처럼 터무니없는 실수를 하지는 않는다. 혹시 나의 실패 경험이 다른 분들께 도움이 되지는 않을까 하는 마음으로 마당에 나무를 심을 때 고려해야 할 사항들을 정리해봤다.

첫 번째는, 유실수를 심을지 관상수를 심을지를 정해야 한다. 나무를 제대로 관리할 자신이 없으면 유실수보다는 관상수를 심는 게 낫다. 관상수야 봄에 전지만 해주면 된다지만, 유실수는 손봐줘야 할 일이 많다. 맛도 좋고 보기도 좋은 열매는 저절로 열리는 게 아니니까.

그런데 나는 관상수에는 그다지 관심이 없다. 우리 집 마당이 잔디인 것도 아니고, 자갈을 깔아놓은 자그마한 시골집이니 멋진 관상수를 심어놓고 폼 잡아봤자 어울리지도 않는다. 또 보는 것보다는 먹는 것이 더 중요한지라 열매가 열리지 않는 나무는 무조건 퇴출 대상이다. 우리 집에서 정원수란 곧 유실수다. 난 예쁘거나 멋진 관상수보다는 탐스러운 과일이 주렁주렁 매달린 유실수가 더 좋다.

처음에 멋모르고 캐나다 단풍을 심었다가 쭉쭉 뻗는 키에 놀라 잘라버렸고(그늘이 진다), 열매가 깨알처럼 작아 먹을 것도 없는 토종 보리수도 뽑아버렸다. 물론 열매가 열려도 맛이 없으면 퇴출된다. 회령 백살구라고 심은 살구나무가 개살구로 판명되어 올해 퇴출 대상 목록에 0순위로 올라가 있다. 맛도 없는데 떡하니 자리만 차지하고 있으니 땅이 아깝다. 그래서 지금 우리 집에 남은 관상수라고는 소나무 세 그루뿐이다.

두 번째는, 추위에 강한 나무인지를 살펴본다. 살고 있는 지역이 우리 집처럼 추운 지역이라면 꼭 고려해야 할 사항이다. 나도 처음에는 심고 싶은 나무들도 많았다. 담장 너머로 주황색 감이 주렁주렁 매달려 있는 모습이 너무나 부러워 감나무를 심었지만 얼어 죽었고, 다음 해에는 바람을 막아주는 뒤뜰에 심었는데도 죽었다. 석류도 심었고, 체리와 씨 없는 청포도도 심었는데 한 해를 견디지 못하고 전부 다 죽었다.

그 쉽다는 매실도 몇 년 전 결국 퇴출시켜야 했다. 매실은 얼어 죽지는 않는데 봄에 늦서리가 내리면 꽃이 다 떨어져 버리곤 했다. 해마다 커다란 매실나무 네 그루에서 매실 몇 알씩만 수확할 수 있었다. 나중에 보니 우리 동네에는 매실나무나 감나무가 있는 집이 한 집도 없었다.

이렇게 수년간 값비싼 비용을 치르고 난 후에 깨달은 것은 나무는 그 지역 기후에 맞는 품종을 심어야 한다는 거였다. 처음에는 그럭저럭 살아남은 것처럼 보이다가도 어느 해 갑자기 강추위가 닥치면 큰 나무라 하더라도 속절없이 죽었다. 그러면 몇 년간의 노력이 한 방에 날아간다. 묘목 값이야 별게 아니라지만 그간

들인 정성과 기회비용이 아깝다. 우리 집이 사과와 아로니아 과수원이 된 이유 중의 하나가 바로 이 두 품종만큼은 강추위에도 꿋꿋이 살아남았기 때문이다.

세 번째는, 방제(농약 소독)를 많이 해야 하는 나무인지를 판단해야 한다. 우리 집에서는 계절별로 먹을 수 있도록 온갖 종류의 유실수를 몇 그루씩 심었다. 7월이면 복숭아와 자두가 열리고, 8월에는 여름사과와 포도가 열린다. 9월이면 늦복숭아가, 10월이면 대추와 밤이, 그리고 11월에는 사과가 열린다. 이렇게 다양한 유실수를 심어 계절별로 수확하는 것이 조금은 부러울지도 모르겠다. 그러나 우리 집처럼 과수원을 운영하는 농가가 아니라면 이렇게 다양한 유실수를 재배하기는 어렵다.

나는 유실수를 크게 방제를 많이 해야 하는 나무와 조금만 방제해도 되는 나무로 구분한다. 유실수치고 방제를 전혀 하지 않고도 제대로 수확할 수 있는 나무란 거의 없다고 봐야 한다. 아로니아나 블루베리 정도만 가능한 것 같다. 일반 가정에서는 유실수를 심으려면 꼭 조금만 방제를 해도 되는 나무를 심어야 한다.

예를 들어, 사과와 복숭아 그리고 자두는 방제를 많이 해야 하는 나무다. 사람들이 많이 심고 싶어는 하지만 방제를 제대로 하지 않는다면 온전한 과일을 한 개도 수확할 수 없는 나무들이다. 판매할 목적이 아니라고 해도 연간 5회 정도는 방제를 해줘야 그나마 먹을 수 있다. 혹시 그 정도는 감수하고 나무를 심겠다고 할지도 모르겠다.

　그러면 그 다음은 경제성을 따져봐야 한다. 농약은 보통 봉지나 병 단위로 판매를 하는데, 한 병 용량이 물 25말(500리터) 기준이다. 그 정도면 일반적으로 300평 정도의 과수원을 1회 방제할 수 있는 용량이다. 그런데 집에 유실수가 몇 그루뿐이라면 한 번에 농약 한 통의 10분의 1도 사용하지 못한다. 하지만 한 번 개봉한 농약은 시간이 지나면 약효가 저절로 떨어지므로 오래 보관하지 못한다. 농약 한 통 사서 일 년 간 나누어 쓰고 끝내겠다면? 그것도 곤란하다. 농약은 같은 약을 계속해서 사용하지 않는다. 같은 약을 계속 사용하면 균이나 충에 내성이 생겨 약이 잘 듣지 않는다고 한다. 그래서 전문적인 농가에서는 일 년 내내 방제할 때마다 매번 다른 종류의 약을 사용한다.

　또 농약은 기본적으로 살균제(바이러스)와 살충제(벌레, 나방) 두 가지를 섞어서 사용한다. 이렇게 한 번 방제할 때 드는 비용은 평균 7만~8만원은 족히 된다. 또 나무의 종류에 따라 발생하는 병충해의 종류가 다르므로 사용하는 농약도 달라진다. 그래서 과수원은 약 한 통 사서 다 쓸 수 있는 규모(최소 300평 이상)는 되어야 경제적으로 운영할 수 있다. 내가 사과 과수원 규모를 마음대로 조절하지 못하는 이유다. 또 우리 집의 다른 유실수들에는 종류와 무관하게 무조건 사과를 방제하고 남은 약을 친다. 그래서 사과 외에는 썩 상품성 있는 과일(먹을 수는 있지만)을 만들어내지 못하고 있다.

가정에서 유실수 몇 그루 재배하자고 일 년에 몇 십 만원을 농약 값으로 지불한다는 것은 말이 안 된다. 그래서 일반 가정에서는 사과나 복숭아, 자두와 같은 과일을 재배하지 않는다. 못하는 게 아니라 안 하게 된다. 사 먹는 게 훨씬 싸게 먹히니까. 물론 반 쪽짜리 과일 몇 개만 수확해도 만족한다면, 그러면 심어도 된다. 대신에 만약 유실수를 심어놓고 제대로 관리하지 못하면 그 유실수들은 온갖 벌레의 온상이 되어 주변의 농작물에도 피해를 준다.

조금만 소독해도 되는 나무에는 감, 대추, 살구, 포도, 밤, 체리 등이 있다. 이 나무들은 일 년에 두세 번만 방제를 해도 어느 정도 수확을 할 수 있는 나무들이다. 만약 일반 가정에서 유실수를 심는다면 아쉽더라도 조금만 방제를 해도 되는 나무를 심어야 한다. 나머지 과일은 사서 드시고! 내가 꼭 과수원집 주인이라 하는 말은 아니다.

11

유실수는 공짜라고
좋아하면 안 된다

예전에 우리 집에는 키 큰 살구나무가 있었다. 집 짓고 얼마 되지 않은 2009년 봄에는, 집에 심은 유실수라고 해봤자 전부 1~2년 생뿐이었다. 기껏해야 키가 1m 내외였고, 굵기도 가느다란 회초리 수준이었다. 그러니 집 주위는 온통 빈 공간으로 휑하니 허전했고, 언제 나무가 자라서 그늘도 지고 남들처럼 열매를 수확할 수 있으려나 했다.

어느 날, 집 앞 언덕 위에 사시던 할아버지께서 살구나무 한 그루를 주겠다고 하셨다. 다만 나보고 직접 캐서 가져가란다. 공짜라고 좋아서 언덕을 따라 올라가보았더니, 과연 제법 큼직한 살구나무 한 그루가 언덕에 서 있었다.

아마도 살구나무를 캐는 데 반나절은 족히 걸렸던 것 같다. 삽과 곡괭이로 흙을 파내고 큰 뿌리는 톱으로 잘라내었다. 그렇게 씩씩거려가며 살구나무를 캐어냈으니, 당시의 내 저질 체력에 비추어볼 때 난 대단한 일을 해낸 게 틀림없다. 공짜이니까! 공짜라면 양잿물도 마신다고 하는데 이 정도쯤이야!

내 힘만으로 살구나무를 옮기기는 힘들었고, 차 트렁크에 살구나무 뿌리만 겨우 싣고 트렁크를 연 채로 나무를 질질 끌며 집으로 옮겨왔다. 요즈음은 나무 심는 기술이 늘어 나무를 옮겨 심어도 웬만해선 죽이지 않지만, 그 당시는 많이도 죽였었다. 제 위치를 찾지 못해 한 해에 두세 번 옮겨 심은 나무도 많았으니 어찌 보면 당연한 일인지도 모르겠다. 어쨌든 그 살구나무는 죽지 않고 무사히 살아남아 잘 자라주었다.

과연 그 살구나무는 우리 집에 있는 나무들 중에서 가장 우람하고 키도 컸다. 나무가 크고 우람한 건 좋은데, 그런데 어째 열매가 좀 이상한 것 같았다. 옮겨 심은 지 3년이 지났으니 결과지도 많이 생겼는데, 맛도 없는 조그마한 살구 몇 개씩만 달렸다.

뭔가 잘못되었다는 생각이 들었다. 혹시나 해서 할아버지께 여쭈어봤더니, 그 살구는 다른 살구나무에서 떨어진 씨로 자란 아들 살구나무란다. 더 이상 기다릴 필요도 없이 그 살구나무는 바로 퇴출되었다. 내가 원했던 것은 관상수가 아니라 유실수였으니까!

또 다른 경험도 있다. 지인 한 분이 알도 굵고 맛도 좋다며 왕보리수나무 한 그루를 주셨다. 몇 년을 공들여 키워 보리수나무가 내 키보다도 커졌는데, 정작 열매는 왕보리수가 아니고 깨알같이 작은 보리수 열매만 열렸다. 나중에 알아보니 이 나무도 왕보리수씨가 떨어져 저절로 자란 아들 보리수라고 한다. 당연히 이 보리수도 퇴출되었다.

살구나무든 왕보리수나무든, 나무를 주신 분들은 맛있는 과일을 나누고 싶으셔서 나에게 주신 것이 틀림없다. 정말 고맙고 감사한 일이다. 하지만 받는 내가 신중했어야 했다. 당시 나는 나무 품종에 대한 개념도 없었고, 그냥 나무는 다 똑같은 나무인 줄로만 알았었다. 아무리 맛있고 좋은 과일나무라 하더라도 그 씨앗으로 발아한 나무는 부모의 형질을 그대로 물려받지 못한다. 쉽게 말해 부모만 한 자식 없다. 부모와 같은 형질을 유지하려면(부모와 같은 맛을 내는 과일을 수확하려면) 그 나무의 씨앗을 심는 게 아니라 접목을 해야 한다.

포도가 맛있다고 해서 먹고 남은 포도 씨앗을 심어서는 절대로 원래의 맛있는 포도가 나오지 않는다. 맛있는 포도를 계속 먹고 싶다면 어미 포도 가지를 잘라서 접목을 하든지 삽목을 해야 한다. 시장에 파는 묘목들이 전부 접목을 한 이유가 바로 부모의 특성을 그대로 유지하기 위해서인 것이다.

누가 공짜로 유실수를 준다고 하면, 미안하지만 그 근본부터 물어봐야 한다. 어떻게 생긴 유실수인가를! 혹시 잘 모른다면 공손하게 거절을 하는 게 낫다. 사실 묘목 값은 그리 비싼 것도 아니다. 오히려 더 중요한 것은 날아가 버릴지도 모르는 몇 년 간의 기회비용이다. 맛이 없다는 것을 아는데 4~5년이 족히 걸리고,

뒤늦게 알아채더라도 처음부터 다시 시작해야 하니까 말이다. 나와 같은 해에 나무를 심은 다른 사람들은 열매를 수확해서 맛있게 먹는데, 나는 입맛만 다시며 또 다시 몇 년을 기다려야 한다. 그런 불상사를 피하고 싶다면 절대로 유실수는 공짜라고 좋아하면 안 된다.

12

영화 〈마농의 샘〉에서 본
귀농 실패 사례

1986년도 영화 〈마농의 샘〉을 다시 보니 감회가 새롭다. 이 영화는 1, 2부로 나누어져 총 상영시간이 4시간이 넘는데, 프랑스 프로방스 지방을 배경으로 샘물을 둘러싼 삼대에 걸친 애증과 복수와 사랑이 담겨 있다.

물론 지금 이 영화의 줄거리를 이야기하려는 것은 아니고, 내 글의 성격에 맞게 마농 가족이 시골로 내려와 정착하는 과정만을 집중적으로 살펴보고자 한다. 핵심을 빼먹은 이런 나의 단편적인 분석에 아마도 영화 평론가들은 기가 막혀 쯧쯧 혀를 찰지도 모를 일이다. 하지만 뭐 이런 시도도 때로는 해볼 만하지 않을까?

– 농사에는 실전 경험이 필요하다: 농사를 시작하기 전에 먼저 충분한 실전 경험이 있어야 한다. 책에 있는 내용도 중요하지만 책이 모든 것을 가르쳐 주는 건 아니다. "토마토를 북쪽 기슭에다

심었어. 열매가 달려도 익지 않을 거야. 병아리 콩도 작대기를 써서 너무 깊게 심었어, 한 접시도 수확하지 못할걸!" 비웃는 '세자르'의 말처럼 주인공인 '쟝'은 농사에 대해서 잘 알지도 못한다.

그는 경험도 없이 단지 책에 있는 내용만 가지고 농사를 짓겠다고 덤벼든다. 농사 경험이 많은 주위 사람들에게는 묻지도 않았다. 몇몇 농사가 잘 되자 수확한 농산물을 '위골랭'에게 선물이라고 내밀며 은근히 자랑을 한다(아마도 선물이라고 크고 좋은 것만 골랐겠지만). "제 감자 좀 보세요!" 그리고 마치 자신이 전문가인양 농사에 대해 충고까지 하려든다. 초보 주제에 미운 짓만 골라서 한다.

– 기후에 맞는 작물을 심어야 한다: 농사는 예나 지금이나 물이 없으면 안 된다. 그런데 쟝은 날씨를 그렇게 심각하게 받아들이지 않는다. 날씨 통계 자료만 믿고 비가 올 거라고 예상하지만 기다리는 비는 오지 않는다. 기후는 변덕스럽고, 통계는 통계일 뿐이다. 그래서 물이 귀한 지역에서는 물을 많이 필요로 하는 작물을 심어선 안 된다. "이 정도 비면 우리 집 포도나무에는 충분하지만 그 녀석 채소밭에는 부족하지"라고 세자르는 이야기한다. 역시 가뭄이 찾아오자 준비가 부족했던 쟝의 채소밭은 말라버린 밀밭처럼 되어버린다.

– 주민들과 어울리는 대신 고립을 택했다: 쟝이 정착한 곳은 바로 어머니 고향이지만, 그는 마을 사람들과 어울리지 않았다. 친

구인 척하는 위골랭과는 친하게 지냈지만, 그 외의 주민들과는 결코 가까워지려 하지 않았다. 시골에서는 누가 이사를 오면 순식간에 소문이 퍼지고 온 동네 사람들이 그를 주시한다. 온 마을 사람들이 쟝의 가족을 지켜보고 다가오기를 기다리고 있지만, 그는 오히려 마을 사람들과 부딪히지 않으려고 피한다.

시간이 지나자 기다리던 마을 사람들은 무시당한다는 생각에 슬슬 기분이 나빠지기 시작한다. 그는 마을 사람들과 부딪히지 않으려고 빵도 이웃 마을에서 산다. "왜, 내 빵에는 독이 들었나?" 빵집 주인도 열 받아 있다. 그가 살고 있는 땅에 샘이 있다는 것을 마을 사람들은 다 알고 있었지만, 남의 일이라고 아무도 쟝에게 알려주지 않았다. 만약 쟝이 마을 사람들에게 친근히 다가갔으면 적어도 어느 한 명쯤은 그의 땅에 샘이 있다는 사실을 알려주었을 것이다.

– 잘 알지 못하면 전문가의 도움도 청해야 한다: 경험도 없으면서 처음부터 끝까지 모든 것을 혼자서 다 해결할 수는 없다. 쟝은 책에서 배운 대로 나뭇가지를 들고 샘을 찾겠다고 나선다. 하지만 그는 샘이 있는 곳은 지나치고 엉뚱한 곳에서 우물을 파기 시작한다. 기대 반 호기심 반으로 쟝이 수맥을 찾는 모습을 뒤에서 지켜보고 있는 식구들만 불쌍하다. 우물을 파다 바닥에 암석이 나오자 위험한 화약까지 사 온다. 그러다가 다이너마이트 폭발 때 튀어 오른 돌에 맞아 쟝은 죽게 된다.

– 계획성 있는 지출을 해야 한다: 시골에 정착하려면 여유자금도 있어야 한다. 쟝은 삼 년 동안 버틸 자금이 있다고 했으나 여러 가지 시행착오를 하며 돈을 다 써버린다. 한 해가 가기도 전에 빈털터리가 되어 땅을 담보로 빚마저 지게 된다. 귀농해서 수익이 나기도 전에 돈부터 떨어지면 시골생활은 낭만이 아닌 비극이 시작된다.

농사란 실제로 경험해보지 않으면 안 된다. 혼자서만 열심히 한다고 되는 것도 아니고, 그렇다고 남의 말만 들어서도 안 된다. 더구나 요즘 같아서는 하늘도 도와주어야 한다. 마농 가족이 지금의 우리 시골에 귀농한다고 해도, 아마도 영화 속에서와 같이 귀농에 실패했을 것 같다. 사람들 속에 부대끼며 산다는 것은 시대나 장소에 무관하게 세상 어디서나 마찬가지이니까 말이다.

만약 쟝이 마을 사람들과 친하게 지내 그의 땅에 샘이 있다는 것을 알게 되었고, 그들의 농사 경험과 도움을 받으며 더불어 자신이 책에서 배운 지식을 활용했더라면 그는 틀림없이 귀농에 성공했을 것이다. 그래서 성공한 귀농인으로 시골에서 오래오래 행복하게 살았을지도 모른다. 물론 그랬더라면 이 멋진 영화 〈마농의 샘〉이 탄생하지 않았겠지만 말이다.

13

추우면 못살아
– 전원주택의 난방

옆 동네 작은 언덕에 새 집이 들어섰다. 하얀색의 큼직한 이층집으로, 붉게 물든 단풍을 배경으로 멀리서도 한눈에 보인다. 길을 지나가다가 아내가 그만 그 집에 빠져버렸다. "와! 멋있다"라며 감탄을 연발하고 있었다. 내가 재빨리 끼어들었다.

"저 집, 겨울이면 무척이나 춥겠다. 그치? 난방비도 엄청나게 많이 나올 거야!"

추위라면 질색인 아내가 정신을 차렸다. 아내는 겨울이면 평균 22℃는 되는 우리 집 거실에서도 춥다고 코트를 꺼내 입는다.

"집은 좀 작더라도 여름엔 시원하고 겨울엔 따뜻한 게 최고야!"

내 말에 지극히 현실적인 아내가 고개를 끄떡였다. 어차피 그 집은 그림의 떡이었으니까!

며칠 전 비가 몇 방울 떨어지더니만 날씨가 제법 쌀쌀해졌다. 도시의 아파트에 사는 분들은 이제 슬슬 겨울준비를 할지도 모르겠다. 하지만 우리 집은 보일러를 가동한 지 이미 한 달이 되어가고 있다. 아파트야 벽 양면만 외부에 노출되지만, 시골의 단독주택은 벽면 전체와 천정, 바닥까지 고스란히 노출되어 있다. 그러니 웬만큼 난방을 해서는 추울 수밖에 없는 구조다. 더구나 시골의 겨울은 도시보다도 춥다.

혹시 '그까짓 난방비'라고 하실 지도 모르겠다. 하지만 시골에서는 도시만큼 값싼 난방을 할 수도 없고, 선택의 폭도 넓지가 않다. 은퇴하신 분들이 시골로 귀촌하여 크게 놀라는 것이 두 가지가 있는데 첫 번째는 갑자기 늘어난 건강보험료이고, 두 번째는 감당이 안 되는 난방비용이라고 한다. 예를 들면, 도시에는 손쉽게 도시가스나 열병합 발전을 이용할 수 있지만 시골에는 그런 기반시설이 없다. 그나마 나은 방법이 지금 우리 집에서 사용하고 있는 심야전기 보일러인데, 전력이 부족하다고 더 이상 가정용으로 설치해주지 않은 지 10년이 넘었다.

요즘 유행하는 '태양광 발전'으로 난방을 고려하시는 분도 계시나 보다. 하지만 턱도 없는 얘기다. 일반 가정에 설치하는 3Kw 용량의 태양광 설비로는 한 달에 평균 300Kw 내외의 전력을 생산할 수 있는데, 겨울철 우리 집 심야전기 보일러에 사용하는 전기는 한 달에 2,000Kw 이상이다. 태양광은 가정용 전기를 대신할 수는 있지만 난방용으로 사용하기에는 어림도 없다.

전원주택하면 떠오르는 벽난로는? 멋은 있는데 온돌 생활을 하는 우리에게 벽난로는 보조 난방기일 뿐이다. 그러면 화목보일러는? 그것도 만만치가 않다. 예전에 화목보일러를 사용했던 지인의 말을 빌리자면 이렇다.

'화목보일러의 수명은 보통 5년 정도인데 보일러에 구멍이라도 뚫어지는 날이면 땜질을 해야 한다. 그리고 5년에 한 번씩 무게가 500kg 되는 보일러를 교체할 각오를 해야 한다. 더 큰 문제는 장작이다. 장작은 보통 트럭 단위로 구입하는데(그나마 시골이라 구입하기가 쉽다), 트럭이 긴 나무를 쏟아놓고 가면 엔진 톱으로 나무를 자르고 도끼로 쪼개야 한다. 사용하기 좋게 쪼개 놓은 나무는 너무 비싸서 생각할 수도 없다. 젊었을 때는 몰라도 나이 들어서는 결코 선택할 수 없는 게 바로 화목보일러다.'

아! 펠렛보일러도 있다. 한동안 정부에서 펠렛보일러 설치하라고 보조금도 주며 권장했는데, 내가 아는 한 분은 기껏 설치한 보일러를 사용하지 않는다고 하신다. 수입한 펠렛을 연료로 사용하는데 가격도 비싸고, 청소하기도 불편하다고 한다. 더구나 펠렛보일러가 미세먼지를 많이 발생시킨다는 방송도 있었으니 머지않아 정부에서 보조금을 중단할지도 모를 일이다. 인터넷 검색해보면 불평하는 글이 많이 올라와 있다.

연탄보일러! 가격으로 따지면야 연탄보일러만큼 비용이 저렴한 것도 없다. 하지만 연탄보일러의 단점은 모르는 사람이 거의 없을 테니 생략하려 한다. 시골에서도 옛날 집 아니면 연탄보일러

쓰는 집이 많이 줄었다. 연탄가스! 소리만 들어도 벌써 어지럽다. 또 새벽마다 연탄불은 누가 갈아줄 건데?

지열난방도 있다. 대략 2,500만원 정도 시설비가 드는데 정부에서 일부분 보조를 해준다. 지열난방은 땅속 15℃의 지하수를 끌어올린 후 전기로 물을 데워 사용하는데, 지금은 계량기를 따로 설치해줘 전기세 누진은 없다. 매달 지열난방용으로 사용하는 전기세는 심야전기 보일러보다 약간 적게 나온다고 들었다. 초기 투자비가 크지만 경제적 여유가 있으면 고려해볼 만한 것 같다.

그나마 시골에서 제일 많이 쓰는 것이 '기름보일러'인 것 같다. 설치비용도 저렴하고 사용하기도 편리하다. 요즘 같은 기름값이면 기름보일러가 최선인 것처럼 보인다. 그러나 몇 년 전 기름값이 많이 올랐을 때에는 한 달에 난방비로 백만원 이상 나오는 집도 많았다고 한다. 그래서 비용이 감당이 안 되니 전기장판만 켜고 외투 걸치고 춥게들 살았다. 그 폭탄이 언제 또다시 터질지 모른다.

정말 만만한 게 없다. 만약 내가 집을 다시 짓게 된다면 과연 어떤 선택을 할 것인지 생각해봤다. 경제적인 여유가 있다면 지열난방을 고려해보겠지만, 가성비를 고려한 최선의 선택은 '기름보일러'뿐인 것 같다. 그 대신 기름값이 언제 뛸지 모르므로 집의 단열을 패시브 하우스 수준으로 할 생각이다. 물론 하루 종일 햇볕 잘 받는 곳에 집을 지어야 하는 것은 기본이고. 그래서 난 요즈음 시간만 나면 패시브 하우스에 대하여 틈틈이 공부하고 있다.

귀촌하여 집을 지으시려는 분들은 어떤 난방을 선택할 것인지 한 번쯤 심각하게 고민을 해봐야 한다. 일단 집을 지은 후에는 난방시설을 바꾸기가 어렵고, 또 나중에 후회를 해봤자 이미 늦은 일이니까 말이다. 선택도 제대로 알아야 할 수 있는 법이다.

P.S. 패시브 하우스Passive House: 첨단 단열공법을 이용하여 에너지 낭비를 최소화한 건축물.

14

고장은 꼭 추운 날
밤에 발생한다

언제 강추위가 닥칠지 모르므로 막바지 겨울준비를 잘 해야 한다. '설마 이 정도야 괜찮겠지'라며 시골의 겨울을 대수롭지 않게 여겼다가는 나중에 혹독한 대가를 치러야 한다. 아무리 온난화로 따뜻한 겨울이 되었다고는 하지만, 그래도 얼 것은 얼고 터질 것은 터진다. 지난 10여 년간 수업료 톡톡히 내고 배운 교훈이다. 시골의 겨울은 춥다. 그것도 아주 많이 춥다.

미리 챙겨야 하는 일들을 열거하자면, 먼저 과수원에 사용하던 동력분무기나 펌프의 물을 빼줘야 한다. 행여 물이 남아있으면 영하의 온도에 얼어 터진다. 튼튼한 쇠붙이로 만들어져 있는 데도 금이 가고 터진다. 예전에 멋모르고 물을 빼지 않고 펌프를 내버려 두었다가 일 년 만에 펌프를 교체해야 했다.

집 외부에 있는 수도도 얼지 않도록 싸매줘야 한다. 동파방지용 밸브가 있는 수도(지하수용)는 뒤 밸브는 잠그고, 앞 수도꼭지는 열어놓으면 된다. 깜빡 잊었다고 변명해봤자 소용없는 일이다. 나중에 땅 파고 수도관 교체하려면 허리가 휜다. 힘들다고 업자 부르면 없는 살림에 허리 대신 가계가 휜다. 언 땅을 파는 것이 얼마나 힘든지 모르는데 난 어처구니없게도 그 짓을 두 번이나 했다.

또 추위에 약한 나무들(특히 유목)은 동해 피해를 입지 않도록 사료포대로 싸줘야 한다. 아니면 최소한 수성페인트라도 칠해줘야 한다. 그까짓 페인트 발라줘서 효과가 있겠느냐고 할지도 모르지만 효과가 있긴 있다. 그러나 경험상 공기가 통하는 사료포대로 싸주는 것이 제일 좋은 것 같다. 사료포대는 구하기도 쉽고, 일하기도 편하고, 효능도 좋다!

볏짚으로 싸주면 더 좋겠지만 요즘은 거의 사료용으로 팔아버리므로 시골에서도 볏짚 구하기가 쉽지 않다. 늦가을 시골 벌판에 뒹굴고 있는 하얀 공룡알 같은 것이 전부 사료용 볏짚뭉치다. 앞마당의 화분도 집안에 들여놓아야 하고, 늦가을에 심은 마늘, 양파도 얼어 죽지 않도록 비닐로 덮어줘야 한다. 창문에는 단열용 뽁뽁이를 붙여줘야 한다.

이렇게 완벽하게 준비를 하는 것 같은 데도 이따금씩 문제가 생긴다. 바로 지난겨울, 하필이면 몹시도 추웠던 그 날 한밤중에 벌어졌던 일은 쉽게 잊힐 것 같지가 않다.

정확히 밤 10시 30분. 취침 전 양치질을 하려는데 갑자기 세면

대에서 물이 나오지 않았다. 전기는 들어오니 지하수 펌프에 문제가 생긴 것 같다. 낮에 한파주의보 경고문자까지 떴는데…. 혹시 날씨가 너무 추워 모터가 얼어버린 것은 아닐까? 귀찮다고 아침까지 내버려 두었다가는 피해가 더 커질지도 모른다. 휴대폰에 뜨는 외부 온도는 영하 11℃이지만 깜깜한 창밖 바람소리가 심상치 않다.

두꺼운 잠바에 털모자까지 쓰고 지하수 설치함이 있는 과수원으로 나갔다. 이런 일이 한두 번이 아니니 사태의 심각성을 직감한 아내도 손전등을 들고 따라나섰다. 펌프가 얼어 터진 것만 아니라면 이런 경우는 대부분 펌프의 압력 스위치만 교체하면 간단히 해결된다. 제발 압력 스위치 고장이기를 바라면서….

어? 그런데 지하수 설치함 뚜껑이 열리지 않는다. 며칠째 지속된 강추위에 뚜껑이 몸체와 얼어붙은 것 같다. 뚜껑이 열려야 무슨 조치를 취하기라도 하지. 예전에 집 짓고 남은 게 나무뿐인지라 지하수 설치함도, 뚜껑도 전부 나무로 만들었는데 그 뚜껑에 싱글을 씌운 게 문제였다. 싱글은 생각 외로 무거워 평소에도 지하수 설치함을 열려면 끙끙거려야 했다. 그리고 이제 강추위로 그 무거운 뚜껑이 얼어붙어 꿈쩍도 하지 않으니 완전히 난감한 상황에 빠져 버렸다.

"진작 뚜껑 좀 바꾸라니까…."

아내가 옆에서 투덜거렸다. 나도 이럴 줄 알았더라면 벌써 바꿨다. 빠루(노루발처럼 생긴 굵고 큰 못을 뽑을 때에 쓰는 연장)를 가져와 얼어붙은 뚜껑과 벽체 틈새에 망치로 두들겨 넣었다. 그리고는 지렛대처럼 문짝을 들어 올리려 해도 나무가 쪼개질지언정 도무지 열릴 생각을 하지 않았다. 추운 한밤중인데도 열이 나서 씩씩거렸다.

이런 상황에 더 이상 말 한마디 잘못했다가는 공연히 날벼락 맞을까봐 아내는 잔뜩 웅크린 채 말없이 전등불만 비추고 있었다. 힘쓰다 지쳐서 이번에는 '가스 토치'를 가져와 틈새를 녹였다. 녹인 건지 태운 건지 헷갈릴 때까지 녹였다. 그렇게 한참 동안을 씨름한 후에 뚜껑은 거의 다 망가지고 나서야 겨우 열렸다.

다행히 모터가 얼었던 것은 아니고 간단하게 압력 스위치 교체로 펌프가 작동하기 시작했다. 휴우~ 정말 다행이다! 안도의 숨을 쉬며 대충 지하수 설치함을 덮어주고 집안으로 들어오니 밤 11시 20분이다. 영하 11℃의 날씨에도 불구하고 온몸은 땀으로 젖어 있었다. 그동안은 추운 줄도 몰랐다.

"그래도 나 같은 남편이 있으니까 이런 것도 고치는 거야. 이런 것 못 고치는 남자도 많다고!"

의기양양하게 아내에게 말했다.

"응. 그런데 난 혼자 살게 되면 곧바로 아파트로 이사 갈 거야."

그리고는 아내는 방으로 쏙 들어가 버렸다. 기껏 고생은 내가 했는데…. 다음날 아침 일찍 수리업자를 부른다고 해도 그가 곧바로 우리 집을 방문해준다는 보장도 없었다. 이런 날씨라면 다른 집들 수도도 얼어 터진 곳이 많을 테니까.

물이 안 나온다고 당장 죽는 건 아니겠지만, 받아놓은 물이 없으니 살아도 사는 게 아닌 건 확실하다. 그리고 며칠간은 꾀죄죄한 몰골로 궁상을 떨 각오를 단단히 해야 한다. 자그마한 단독주택에 살면서 물통에 미리 물 받아놓고 쓰는 집은 거의 없다.

물론 아내 입장도 충분히 이해가 간다. 언제 무슨 일이 벌어질지 모르니 시골의 단독주택에서 여자 혼자 추운 겨울을 보낸다는 게 겁이 날 만도 하다. 한겨울의 시골은 남자 혼자 살기에도 결코 만만한 곳이 아니니까. 그리고 이상하게도 고장은 꼭 추운 날 밤에만 발생한다.

15

심야전기 보일러가
고장났다

"아빠, 뜨거운 물이 잘 나오지 않아요."

아침에 욕실에서 나오던 아들 녀석이 말을 던지곤 방으로 들어가 버렸다. 아들놈은 상황만 보고하면 끝이고, 나머지는 내 몫이다. 시골살이한 지 십여 년이 되었는데도 심야전기 보일러나 온수기에 문제가 생기기만 하면 가슴이 덜컹 내려앉는다. 일단 고장이 나면 돈도 돈이지만 무조건 며칠은 고생을 해야 하기 때문이다.

보일러실에 들어가 온수기를 보니 물 온도가 25℃까지 내려가 있다. 즉 고장난 지 며칠은 되었는데, 물이 차츰 차가워지니 이제야 발견한 것이다. 전원과 심야 전원 스위치에 불이 들어와 있으므로 전기 공급에는 문제가 없다(한전에는 전화할 필요가 없다는 뜻이다). 예전에 난방용 심야전기 보일러는 몇 번 속을 썩였지만, 온수기는 지난 10년 넘게 사용하면서 한 번도 고장난 적이 없었다. 그런데 이제 수명을 다해가나 보다. 전기가 들어오는 데도 물이 뜨거워지지 않으니 틀림없이 물을 데워주는 히팅 코일이 고장난 것일 거야.

아직 토요일 오전이니 나중에 고생하지 않으려면 빨리 A/S센터에 전화를 해야 한다. 남자 상담사가 전화를 받았다. 그런데 상황을 설명하는데 이야기가 잘 통하지 않는다. 보이지도 않는 리셋 스위치를 눌러보란다. 그래서 온수기 컨트롤 박스 사진을 찍어 보내주었다. 답답해서 나사로 고정되어 있는 박스도 열어서 사진을 찍어 보내주었다. 리셋 스위치가 어디 있냐고?

그랬더니 이번에는 사진 속에 보이는, 단자함 가운데 있는 검은 부분을 눌러보란다. 눌렀더니 아무 반응도 없다. 심야전기 들어오는 밤 시간에 다시 눌러보란다. 그리고 친절하게 덧붙여주었다. 지금은 심야전기가 들어오지 않는 시간이므로 수리업자가 가더라도 고치는데 도움이 되지 않는다고.

밤 11시가 지나서 다시 스위치를 눌렀지만 반응이 없었다. 그때야 내가 바로 낚였다는 생각이 들었다. 세상에 어느 수리업자가 심야전기가 들어오는 밤 11시 넘어 방문을 하겠는가? 당연히 내일은 일요일이니 수리하러 나오지 않을 테고, 월요일이나 돼야 수리업자가 오겠지.

온 식구가 궁핍한 생활을 시작했다. 토요일부터 월요일까지 3일 동안을 커피포트로 물을 끓여 고무통에 받아놓은 물에 섞어 썼다. 예전에 한동안 미국을 떠들썩하게 했던 미식축구 선수 O.J.

심슨이 도망 다니다가 자수를 했는데, 자수한 이유가 샤워를 하고 시원한 오렌지 주스를 마시고 싶어서였다고 한다. 3일 동안 따뜻한 물이 나오지 않으니 그 심정이 조금은 이해가 간다.

월요일 낮에 수리업자가 왔다. 그리고는 박스를 뜯어보더니 "누전차단기가 고장 났네요" 한다. 스위치를 올려보니 정말 차단기가 떨어지는 것이 아닌가? 아니, 도대체 난 뭘 본 거지? 선무당이 사람 잡는다고 전원 스위치에 불이 들어온 것을 보고 열선만 잘못되었다고 선입견을 갖고 있었다. 말도 안 통하는 A/S센터 상담원 이해시키느라 열 받아 정신이 나갔었나 보다. 내가 이 모양이니 맥가이버는 무슨 얼어 죽을 맥가이버! 난 맥가이버 되기에는 아직 멀고도 멀었다.

간단하게 10분 만에 고치고 출장비 37,000원에 누전차단기 값 15,000원, 총비용이 52,000원이란다. 누전차단기는 몇 천 원이면 사는데(누전차단기는 나도 몇 번 교체해봤다). 내가 무식한 탓에 이번에도 또 돈으로 때웠다. 시골에서는 이렇게 업자가 부르면 부르는 게 값이다.

P.S. 그래도 돈이 아까워 내가 눌렀던 검은 부분이 무엇인지 물어보았다. 그랬더니 전기가 통하는 마그네틱이라고, 절대로 손대지 말란다. 차단기가 고장 나지 않았더라면 하마터면 220v에 감전될 뻔했다. 도대체 A/S센터 상담자는 뭐 하는 인간이지?

16
시골의 겨울은
춥고 길다!

"겨울에는 뭐 하며 보내세요?"

이맘때쯤 사람들을 만나면 이런 질문을 많이 받는데, 그냥 머릿속이 하얘진다.

"글쎄? 그냥 놀아요!"

대답은 그렇게 하지만, 분명히 바쁘게 사는 것 같은데 도대체 내가 뭐 하며 살고 있는지 나도 잘 모르겠다. 사실 숨을 생각하며 쉬는 사람은 없으니까….

봄부터 가을까지는 농사일로 바쁘다 치더라도, 황량한 텃밭만 남아있는 긴 겨울철에는 무엇을 하며 시간을 보내는지 궁금하실 만도 하다. 시설 재배를 하시는 전문 농업인들이야 한겨울에도 바쁘겠지만, 대부분 귀촌하신 분들에게 겨울은 긴 휴식기임에 틀림없다. 시골의 겨울은 춥고, 그리고 길다.

우리 집의 경우, 한 해 농사의 마무리는 사과 배송이 거의 끝나는 12월 초순경이다. 그리고 본격적으로 농사가 시작되는 것은 다음 해 4월 말이다. 대략 날짜를 따져보면 5개월은 되니 정말 오랫동안 쉰다. 물론 그동안 계속 놀기만 하는 건 아니다. 중간에 틈틈이 과수 전지도 하고, 날씨가 풀리면 모종도 만들고, 텃밭 준비도 한다.

그 외에도 무엇을 하며 지내는지 머리를 쥐어짜보면, 우선 겨울이 되면 많이 돌아다니는 것 같다. 쥐꼬리만 해도 농사라고 짓고 있으니 농한기가 되어야 친구들도 만나고, 친지들도 만난다. 여행도 많이 다닌다. 지인들과 함께 계획을 세워 다녀오는 여행도 있고, 아침에 일어나 갑자기 떠나는 여행도 많다. 문득 바다가 보고 싶으면 바다에도 다녀온다. 충주에서는 남해안 빼고는 어디를 가도 2~3시간이면 충분하니 하루 일정으로도 다녀올 수 있는 곳도 많다.

목공작업도 한다. 하지만 난방시설도 없고 겨우 바람만 막아주는 작업장인지라 1~2월은 대부분 휴업 상태다(아무래도 작은 난로라도 마련해야 할까 보다). 그래서 아주 급한 것만 아니라면 대부분 3~4월로 미룬다. 실제로 3~4월에는 목공작업이나 토목공사로 거의 모든 시간을 보내고 있다. 작년에 나무로 비닐하우스를 만든 시기도, 이웃 성당 카페 공사를 한 것도 이때쯤이다.

예전에는 자기 계발에 관한 책도 많이 읽었었다. 짧은 인생인데 허투루 시간을 소비하고 싶지는 않았다. 그래서 작은 시간도 쪼개어 사용하는 법부터 엄격한 자기 관리에 이르기까지, 효율적이거나 생산성이 높아진다는 책은 닥치는 대로 읽었다. 노력도 좀 하긴 했다. 그러다 보면 좀 더 유능한 사람이 될 수 있을 거라고 생각했다.

그러나 좀 더 나이를 먹은 지금은 효율이나 생산성이 내 삶의 중요한 지침이 되지 못한다는 것을 안다. 이제는 유능한 사람보다는 어떠한 삶을 살고 있는가에 더 신경이 쓰인다. 남들이 보기에 내가 꼭 그런 인간이 되지 못해서 하는 말만은 아니다. 그리고 아들놈에게도 꼭 해주고 싶은 말이 있다. "능력 있는, 소위 잘 나가는 사람이 되지는 못하더라도 행복하게 살아갈 수 있다면 충분히 가치 있는 삶이라고."

예전에는 은퇴를 하게 되면 하고 싶은 것도 많았던 것 같다. 여행을 가고, 목공을 배우고, 그림을 그리고, 악기를 배우고…. 그러나 시간이 지나면 그 목표도 바뀐다. 젊었을 때는 여행이 바로 휴식이란 공식이 성립하지만, 나이 들면 여행도 어쩌다 한 번이지 힘들고 피곤한 일이다. 그렇다고 안락한 삶도 최고는 아니다. 다만 이제는 무엇을 했다는 결과보다는 그 과정에서 느끼는 행복이 더 중요하다.

겨울이 되면 컴퓨터 앞에 앉아있는 시간이 제법 길어진다. 복잡하고 시끄러운 세상이지만 그래도 세상 돌아가는 것쯤은 알고 있어야 하니까. 하지만 이제는 가급적이면 간접 경험보다는 내 몸으로 직접 체험하는 것을 더 선호한다. 짧은 인생에 직접 해보고 싶은 것도 많다.

그 외에도 일상적인 것으로 비닐하우스에서 자라고 있는 시금 치도 뜯어다 바쳐야 하고, 우리 집 개들도 운동을 시켜줘야 한다. 또 고양이 사료도 챙겨줘야 하고, 이따금 아내 장 보는데도 따라 가 줘야 한다.

인생이란 것이 원래 평범한 나날의 연속이듯이 긴 겨울 동안 내 삶이란 것도 따지고 보면 별로 남다를 바가 없다. 아마도 그러 한 삶은 도시에 살든 시골에 살든 마찬가지일 것 같다. 그저 한 평범한 장년의 남자로서 그렇게 하루하루를 살고 있을 뿐이다.

"신은 인간을 질투를 하지. 인간은 다 죽거든. 그래서 늘 마지 막 순간을 살지. 그것이 삶이 아름다운 이유야. 이 순간은 다시는 오지 않거든!"

이 멋진 대사가 어디에서 나오는지 아마도 예측하기 힘드실 지 도 모르겠다. 바로 영화 〈트로이〉에서 아킬레스가 여사제 브리세 이스에게 한 말이다.

보람되고 알찬 시간도 좋지만, 올겨울에는 내가 무엇을 하든 간에 그 과정에서 좀 더 행복한 시간을 많이 찾을 수 있었으면 한 다. 이 순간은 다시는 오지 않거든!

이번에는 내가 질문을 할 차례다.

"그런데 도시에서는 긴 겨울 동안 뭐하며 보내세요?"

17

빨간 말뚝은 보기만 해도
가슴이 덜컹 내려앉는다

과수원에서 일을 하다가 빨간 말뚝이 몇 개 박혀 있는 것을 발견했다. 가만히 보니 말뚝이 박힌 자리가 아스팔트 끝에서 약 3미터쯤 떨어진 곳이다. 즉 그 구간은 노견路肩으로 빨간 말뚝은 도로와 우리 집 땅을 구분하는 표시란 얘기다. 문득 가슴이 덜컹 내려앉았다.

우리 집 입구 쪽에 있는 아스팔트 2차선 도로는 예전에 사용하던 국도였다고 한다. 그런데 직선으로 4차선 국도가 새로 생기면서 이 도로는 폐쇄되었다. 그리고 이 폐쇄된 도로 상에 집이라고는 우리 집 한 채뿐이니 자연스레 이 도로는 우리 집 전용도로가 되었다.

우리 집과 접한 구도로의 길이가 100미터가 넘고, 빨간 말뚝이 말해주듯 도로에서 3미터는 노견이니 그동안 그 넓은 면적을 내가 무상으로 잘 사용하고 있었다는 뜻이다.

도시에서라면 어림도 없는 일이지만 시골에는 아직 정리가 되지 않은 이런 땅들이 많다. 그리고 이런 땅은 먼저 점유한 사람이 임자라는 것이 불문율처럼 되어 있다. 10여 년 전 이 땅을 구입했을 때 부동산 사장님이 말씀하셨다.

"이런 땅은 삼 대에 걸쳐 덕을 쌓아야 구할 수 있는 땅이에요!"

그동안 조상님들의 은덕으로 공짜로 이 땅을 잘 사용해왔는데 이제 그 행운이 없어지려 하고 있었다.

이 노견의 경계 지점에 빨간 말뚝을 박아놨으니 다시 도로를 복원하려는 것이 아닐까? 혹시 우리 동네에 들어온 공장에서 현재 사용 중인 도로가 불편하다고 민원이라도 넣은 건 아닐까? 별의별 생각이 다 들었다. 이 노견에는 우리 집 아로니아 나무도 일부 심어져 있다.

그까짓 아로니아는 뽑아버리면 그만이라지만, 정작 문제는 도로가 복원되면 큰 화물 트럭이 우리 집 앞을 휘젓고 다니게 된다는 데 있다. 집 뒤쪽 4차선 국도에서 들려오는 차 소리도 시끄러워 창문을 닫고 사는데, 이제는 큰 화물 트럭이 집 앞쪽으로도 다닐지 모른다고 생각하니 갑갑해졌다.

더구나 우리 집 위치가 다소 높으니 아래의 큰 도로와 연결하려면 급한 경사로를 만들어야 하고, 큰 도로 사이에 샌드위치처럼 낀 우리 집은 아마도 절벽 위에 세워진 집처럼 되어버릴 것이다. 아! 개발이 무섭다. 이제 이사를 가야 하나?

며칠 후, 과수원 끝에서 사람들이 모여서 웅성거리는 모습이 보이므로 급히 나가 보았다. 도대체 어떻게 돌아가는 건지 알아야 대책이라도 세우지.

"도대체 무슨 일이세요?"

내막인즉 수자원공사에서 지역마다 지하수의 양과 수질을 점검하는 곳을 만드는데, 충주에서는 이곳이 지정되었다고 한다. 그래서 대형 관정을 파려는데 정확한 도로의 경계를 파악하기 위해 빨간 말뚝을 박았다고 한다. 이 관정은 수자원을 관리하는 목적도 있지만 유사시에는 주민들이 사용할 수도 있다고 한다.

"아! 그런 일이라면 당연히 하셔야죠."

천만다행이다! 가슴을 쓸어내렸다. 그리고 대형 관정 팔 때 물이 좀 필요한데 혹시 사용할 수 있겠느냐고 물어오셨다.

"과수원에 지하수 있어요. 얼마든지 쓰셔도 돼요."

먼지 날리고 시끄럽게 일한다는데 군말 없이 우리 집처럼 친절하게 대해주는 사람들 거의 보지 못했을 거다. 또 수고하신다고, 드시라고 대추도 갖다 드렸다. 아무튼 그분들 감동했을 것 같다.

이제 정부에서 큰돈 들여 대형 관정을 파고 수질 검사하는 곳까지 만들었으니 끊어진 도로를 다시 연결할 일은 없을 것이다. 큰 트럭들이 우리 집 앞을 휘젓고 다닐 일도 당연히 없다. 그리고 나는 언제까지고 이곳에서 마음 편히 살아도 된다. 덤으로 긴 2차선 아스팔트 도로는 앞으로도 우리 집 전용도로일 테고, 3미터 폭의 노견도 전부 다 내 것이다.

흐흐흐. 이 음흉한 내막을 저분들은 모르시겠지…

18

첫 농사
– 사야 할 것이 너무 많다

작년에 귀촌한 지인이 포도나무 지지대를 만들기 위해 우리 집을
찾아왔다. 그 지인은 작년에 포도나무 묘목을 심어놓고 옆에 고추
지지대 하나를 세워주었다고 한다. 나무가 작을 때야 고추 지지대
에 기대어 자란다지만, 나무가 커지면 고추 지지대 하나만으로는
어림도 없는 일이다. 남들처럼 포도나무 지지대를 'T'자 형태로
만들어 세웠으면 하는데, 가지고 있는 공구가 전혀 없으니 방법이
없다고 했다.

사실 그것이 처음 농사짓는 사람들 대부분이 직면하게 되는 현
실이다. 그러면 아주 간단해 보이는 'T'자형 포도나무 지지대를
만드는 데 필요한 것들을 생각해보자.

먼저 쇠파이프를 구입해야 한다. 쇠파이프는 농자재 마트에서
구입할 수 있는데 보통 길이가 3m 이상이니 웬만한 차에는 들어
가지도 않는다(요즘은 짧게 재단해서 판매하는 매장도 생긴 모양이다).

굵은 철사도 있어야 하는데 몇 미터 단위로는 잘라서 팔지 않으니 한 롤을 구입해야 한다. 그런데 철사 한 롤의 기본 단위가 1000m 이상이니, 몇 미터 사용하자고 그 큰 덩치를 구입해야 한다는 말이다.

'T'자 형태로 고정시켜 주는 철물도 있는데 어디에서 파는지 모른다(그런 물건이 있는지도 모른다). 철물용 못도 봉지로만 판다. 쇠 파이프를 원하는 크기로 자르려면 절단기가 있어야 하고, 철물 못을 박으려면 전동 드라이버도 있어야 한다. 수공구 십자드라이버만 가지고는 철물용 못을 박을 재간이 없다. 큼직한 쇠망치도 필요하고, 펜치도 있어야 한다.

그런데 포도나무 한 그루 심자고 이 모든 것을 다 준비한다는 게 말이 되지 않는다. 차라리 포도나무를 포기하고 말지! 하지만 공구가 없으면 아무것도 만들 수가 없는 것 또한 엄연한 현실이다. 그래서 초보자들은 쉽게 고추 지지대 2개를 'T'자 형태로 붙여 놓고 끈으로 묶어주기도 한다.

하지만 이렇게 만들어서는 볼품도 없고 약하다. 나중에 포도가 달리면 그 무게가 엄청나게 많이 나가는데, 행여 비바람이라도 부는 날에는 거의 100% 쓰러진다고 보면 된다. 설사 포도가 한 송이도 열리지 않았더라도 비에 젖은 나뭇잎 무게만으로도 버티기가 힘들 정도다. 그러니 포도가 열리기라도 하는 날에는 지지대가 망가지는 건 불 보듯 뻔하다(참고로 포도나무 성목 한 그루에서 보통 포도 40송이 이상을 수확한다. 나무 간격이 넓은 우리 집은 50송이는 수확한다). 이때쯤이 되면 지지대 보수는커녕 쓰러진 포도나무를 일으켜 세우기도 힘들다. 쉽게 말해 애써 지은 한 해 농사가 끝장났다는 말이다.

지금 아주 간단해 보이는 'T'자형 지지대 하나 만드는데 필요한 것들을 열거했지만, 농사를 지으면서 무엇을 조금만 해보려 하면 매번 비슷한 일들이 발생한다. 어쩔 수 없이 하나둘씩 사 모은 자잘한 공구가 창고에 가득하다. 내가 유별난 것이 아니라 누구나 나와 비슷한 과정을 겪는 것 같다. 그래서인지 대부분의 시골집 창고에 가 보면 웬만한 기본 공구는 다 갖추고 있는 것 같다.

작은 텃밭을 가꾼다고 해도 마찬가지다. 삽이며 호미, 쇠스랑, 갈퀴, 낫, 물뿌리개, 호스, 지지대 등 무수히 많은 농기구들을 사야 한다. 전체를 다 열거하기에도 힘들 정도다. 이것저것 다 준비를 하자면, 처음에는 사 먹는 게 텃밭에 심어 먹는 것보다 훨씬 싸게 먹힌다. 시간이 흐르고 기본 투자가 끝난 다음에야 비로소 직접 재배하는 것이 사 먹는 것보다 저렴해진다.

그럼 대책이 뭐냐고? 물론 나도 모른다. 단지 내가 말해줄 수 있는 것은, 처음에는 주위 사람한테 잘 보여서 아쉬운 대로 하나씩 부탁하는 수밖에 없다. 그리고 살아가면서 아내에게 걸리지 않도록, 티 안 나게 하나씩 구입하는 수밖에 없다. 술 담배 끊고 용돈 아껴서 사는 거라면 아내에게 걸리더라도 봐주겠지만, 그것도 조언이라고···. 미안하지만 나도 대안이 없다. 그리고 나도 똑같은 과정을 겪었다.

　마지막으로, 그 지인의 마늘밭 이야기를 좀 해야겠다. 작년 가을에 마늘을 심었는데 대부분 다 얼어 죽었고, 몇몇 살아남은 마늘도 이제야 겨우 싹이 보인다고 한다. 그 지인의 밭은 우리 지역보다 훨씬 따뜻한 곳인데 이상하다 싶어 겨울 동안 마늘밭에 무엇이라도 덮어 주었는지 물어봤다. "볏짚은 구할 수가 없었고, 비닐은 마늘이 숨 막힐까 봐 씌우지 않았다"고 한다. 역시 초보일 때는 상상력이 뛰어난 것 같다. 마늘 숨 쉬는 것까지 배려해주다니! 농사는 그러면서 배우는 거다. 그런데 수업료로 지난해 마늘 종자 값은 날아갔다.

19

농기계
구입하기

'그까짓 농사지으면서 이것저것 농기계 사지 마라!'

내가 처음 농사를 지으면서 들은 이야기다. 다시 생각해봐도 훌륭한 멘토를 둔 덕분에 지금까지 장비를 사느라 헛돈을 쓰지 않고 잘 버티고 있다. 처음에는 사고 싶은 것도, 필요해 보이는 것도 많아 보인다. 하지만 실제로 농사를 지어보기 전에는 정말로 필요한 장비가 무엇인지 알지 못한다. 사람마다 농사짓는 규모도 다르고 일하는 방식도 다르기 때문에, 남들이 가지고 있다고 해서 나에게 꼭 필요한 것은 아니다. 그래서 처음에는 필요해 보여서 구입한 장비가 별 효용도 없고, 어느 순간 애물단지로 변해 창고 한 구석에 처박히는 경우도 많다.

물론 농사의 규모가 큰 분들은 농기계 없이는 일을 하지 못한다. 장비를 사자니 빚인 건 알지만, 농사일의 반은 토목공사라고 농기계 없이는 일을 할 수가 없다. 또 당장 현찰을 주지 않더라도 장비를 살 수 있는 방법도 있다.

'장비만 갖추면 농사 잘 지을 자신이 있으니 앞으로 벌어서 갚으면 되겠지!'

흔히 듣는 말이다. 시골에서 트랙터와 같이 비싼 농기계를 구입하게 되면, 정부에서 일부를 보조해주고 나머지 금액은 3년 거치 10년 상환과 같은 방법으로 갚아나간다(물론 보조금을 받으려면 미리 신청을 하고, 언제가 될지는 모르지만 자기 차례가 올 때까지 기다려야 한다). 또 농자재도 일 년 내내 외상으로 가져다 쓰고, 가을에 농산물을 판매한 후에 한꺼번에 갚는다. 물론 농민을 위해 정부에서 정책적으로 지원을 해주기에 가능한 일이다.

처음에는 공짜처럼 보여 좋았는데 해마다 목돈을 갚아야 하니 부담이 된다. 더욱이 올해처럼 농사를 망치기라도 하는 날에는 더 큰 부담이 된다. 돈 나올 곳은 없고, 상환금은 예정대로 갚아야 한다. 모아놓은 돈이 없으면 대출이라도 받아야 한다. 그래서 농사 크게 짓는 농가 치고 빚 없는 농가는 거의 없다고 봐야 한다. '시골에서 농사짓다 죽으면 남는 건 빚과 고물 농기계뿐'이라고 하는 이유다.

반대로 소규모로 농사를 짓는다고 하더라도 꼭 필요한 장비도 있다. 나에게 그렇게 농기계를 사지 말라고 엄포를 놓으면서도, 꼭 필요하다고 추천해준 장비가 있으니 바로 '예초기'와 '동력분무기'이다.

나는 과수원 전체를 예초기를 사용하여 풀을 깎는다. 품질이 제법 좋은 값비싼 예초기인데도 10년쯤 사용하다보니 힘이 많이 약해졌다. 억센 풀을 깎기 위해 아무리 세게 예초기를 돌려도 풀이 깎이지 않았다. 그래서 몇 번 부속품을 교체하다가 작년에 아예 새 것으로 바꾸었다. 농기계 부속품 가격은 예상외로 비싼데, 만약 예초기 부속품들을 따로 구입하여 예초기를 조립한다면 아마도 가격이 두 배 이상으로 올라갈 것 같다.

도시에 있는 작은 마당의 풀을 깎는 용도이거나 일 년에 한두 번 예초기를 사용한다면 몰라도, 보이는 게 온통 풀뿐인 시골집에서는 가격이 좀 비싸더라도 성능 좋은 예초기를 구입하는 것이 낫다. 내가 그렇게 말을 해 주었건만, 지인 한 분은 마당이 작아 충분하다며 작은 충전식 예초기를 구입했다가 뒤늦게 후회를 하고 있다. 설마 했는데 막상 살아보니 웬만한 예초기로는 풀을 감당할 수가 없다고 한다. 사람들은 본인이 직접 경험하기 전에는 아무리 옆에서 말을 해주어도 믿으려 하지 않는 것 같다. 옛날 예초기는 하루 종일 풀을 깎고 나면 손이 떨려 숟가락도 제대로 들지 못하는데 요즘 제품들은 정말 가볍고, 성능도 좋다.

동력분무기는 과수원을 운영하는 사람들에게는 꼭 필요한 장비다. 작은 텃밭이라면 농약분무기 통을 등에 메고 농약을 뿌려줘도 되겠지만, 키가 몇 미터씩 자라는 과수에 방제를 하려면 동력분무기가 없으면 안 된다. 동력분무기는 전기로 모터를 돌려 고압으로 농약을 뿜어주는 장비다.

모든 장비에 공통되는 이야기겠지만, 장비는 제대로 관리하지 않으면 금방 망가진다. 농기계는 범용적인 물건이 아니므로 부품 값도, 수리비도 매우 비싸다. 그래서 한 해 농사가 끝나면 나는 예초기나 동력분무기를 분해하여 깨끗이 청소를 해준다. 기름칠을 하고 조립을 해서 보관하게 되면 장비의 수명이 두 배로 늘어나는 것 같다. 귀찮다고 그냥 내버려두었다가는 값비싼 장비가 곧바로 돈 먹는 하마로 돌변하는 건 시간 문제다.

그 외의 잡다한 수공구나 농자재들도 잘 관리해야 하기는 마찬가지이다. 사용한 후에는 항상 깨끗이 닦아서 제자리에 보관해야 한다. 그래야 다음에 사용할 때 찾기도 쉽고, 공구의 수명도 오래간다. 아무 데나 공구들을 내버려두면 일하는데 걸리는 시간의 절반은 공구 찾느라 소비한다. 이 말이 무슨 뜻인지는 내 또래의 사람들은 다 안다.

시골집은 온갖 잡동사니들로 어수선하고 지저분해지기 쉽다. 그래서 햇빛이 닿지 않고 비를 피할 수 있는 창고가 필요하고, 공구나 농자재들은 제자리에 잘 정리되어 있어야 한다.

20
초보 농부의 텃밭은
뭔가 티가 난다

내가 살고 있는 지역이 서울과 그리 멀지도 않고, 또 깊은 산속 시골마을도 아니니 요즘도 우리 지역으로 귀촌하시는 분들이 종종 계신다. 귀촌을 했으니 당연히 마당 한 쪽에 작은 밭을 가꾸시는데, 어쩌다 기회가 되어 그 분들의 텃밭을 보면 누구에게 농사를 배웠는가에 따라 큰 차이가 있는 것 같다. 고추를 심더라도 어떤 분은 널찍한 간격으로 심고 퇴비를 듬뿍 주는가 하면, 어떤 분은 고추를 너무 촘촘히 그리고 줄 간격도 가깝게 심어 지나가기도 힘들게 만드신다. 물론 생흙에 비료만 잔뜩 뿌려 놓은 밭도 있다.

귀촌한 지 얼마 되지 않은 초짜 농부의 경우는 어쩔 수 없다 치더라도, 귀촌한 지 제법 된 분의 텃밭도 별반 다르지 않은 경우가 많다. 따지고 보면 나이 들어 은퇴하여 시골로 내려왔는데, 자그마한 텃밭 가꾸자고 교육까지 받으러 다니는 사람은 없다. 사정이 이러니 귀촌하신 분들은 주로 이웃들에게 농사를 배운다. 그런데 이웃도 잘 만나야 한다. 이웃 분이 전문적으로 농사를 짓는 분이라면 다행이지만, 단지 나보다 조금 빨리 귀촌한 선배라면 얄팍한 농사 지식으로 오히려 망가지기도 한다. 선무당이 사람 잡는다고, 원래 그런 분들이 더 열정적으로 가르쳐주신다.

내 경우, 지나고 보니 전문 농사꾼이셨던 분은 도통 말이 없으셨던 것 같다. 내가 좀 색다르게 농사를 짓는다 하더라도 그냥 "한 번 해봐!"라고만 말씀하셨다. 실제로 경험을 통해 잘잘못을 직접 느껴보라는 말씀이시다. 그런데 농사를 쪼금 아시는 분은 아주 적극적이시다.

"이럴 때는 그렇게 하면 안 되고….."

말이 잘 안 통하는 것 같으면 아예 소매를 걷어붙이고 직접 나서서 해주신다. 분명히 내가 알고 있는 방법이 더 나은 것 같은데, 말도 못 하고 속으로 끙끙 앓기만 한다. 그런 밭은 나중에 몰래 고칠 수도 없다. 분명히 며칠 후에 확인하러 오시니까.

대부분 이렇게 농사를 짓고 계시는 초짜 농부의 텃밭은 크게 둘 중의 하나다. 극심한 거름 부족 현상을 보이거나, 비료 과다인 경우가 많다. 처음으로 텃밭을 만들었는데 거름을 얼마를 줘야 하는지 당연히 알 재간이 없다. 귀촌한 지 5년은 족히 된 지인 한 분이 우리 집 텃밭을 보시고는 탄성을 지르셨다.

"와! 토마토가 이렇게도 많이 열리나? 난 지금까지 토마토 몇 개씩만 수확을 했는데!"

그 분은 거름이란 것을 제대로 준 적이 없다고 하신다. 비료를 아직 한 번도 뿌려준 적이 없고, 지금까지 몇 십 평 되는 텃밭에 퇴비를 두세 포대 사다가 뿌려준 게 전부라고 하신다. 비료도 아니고, 거름기도 별로 없는 퇴비를!(아마도 퇴비와 화학비료를 제대로 구분하지 못하셨던 것 같다). 토마토가 열리려고 해도 뭐 먹은 게 있어야 열리지…. 이런 분들은 그냥 흙에다 모종을 꽂기만 하면 저절로 주렁주렁 열매가 열리는 줄 아신다. 이런 텃밭의 채소는 키도 작고, 색도 누렇게 떠 있다. 어쩌다 열매가 열리기도 하지만 크기가 작고, 볼품도 없다. 그리고는 "이상하게 우리 집은 농사가 잘 안 돼!"라고 말씀하신다.

또 다른 부류는 비료에 대하여 광신적인 분들이다. 아무리 거름기가 없는 땅이라고 하더라도 비료만 뿌려주면 채소가 쑥쑥 자란다. 그러니 농사에 대해 자신감도 생기고, 놀러 오는 사람들이 있으면 자랑도 한다. 한 뼘도 넘는 큰 고추를 보이며 자랑하시는 분 앞에서 "농사 잘 지으셨네요"라고 애써 감탄하는 표정을 지은 적도 있다. 그 분 텃밭의 채소는 푸르다 못해 검푸른 녹색을 띠고 있었다. 이미 질소 과다인데도 수시로 오가며 비료를 뿌려주신다. 더 많이 먹고, 더 빨리 자라라고.

그래서 이웃집을 방문하게 되면 나도 모르게 텃밭의 흙을 살펴보게 된다. 흙의 상태를 보면 그 분이 어떤 식으로 농사를 짓고 있는지 바로 알 수가 있다. 초보자의 텃밭은 일관성이 없다. 한

해는 농사가 잘 된 듯싶다가도, 그 다음 해에는 완전히 망쳐버리기도 한다. 농사가 잘 되어도 잘 된 이유를 모르고, 망쳐도 망친 이유를 모른다.

물론 처음 농사를 지을 때에는 남들이 하는 것을 보고 따라서 배운다. 그렇지만 무조건 따라만 하는 것이 능사는 아니다. 퇴비가 무엇이고 비료가 무엇인지, 또 무엇을 언제 얼마만큼 줘야 하는지 스스로 배우려고 노력해야 한다. 또 한 해의 소출에 목숨 걸기보다는 장기적인 관점에서 좋은 흙을 만들어가며 농사를 지어야 한다.

하루아침에 전문가가 될 수는 없다. 그렇다고 무턱대고 남들만 따라 하다가는 몇 년이 지나더라도 계속 초보로 남을 수밖에 없다. 그래서 어쩌면 농사의 첫걸음은 자신이 경험한 모든 것을 기록하는 데서부터 시작하는 건지도 모른다. 농사도 아는 만큼 보인다.

21
농사일지
─ 기억하지 못하면 기록해야 한다

나는 2권의 농사일지를 사용하고 있다. 내가 공식적으로 농사를 시작한 2007년부터 지금까지 내가 겪었던 모든 농사 경험들이 이들 노트에 기록되어 있다. 처음에는 누가 무슨 말을 해도 제대로 알아듣지 못해서 받아 적기 시작했다. 그 당시에는 대부분의 농사 용어가 낯설었고, 또 알아들었다고는 해도 처음 듣는 내용이니 시간이 지나면 쉽게 잊히곤 했다. 더구나 저 넓은 밭 구석구석에 무엇을 심었는지 어떻게 다 기억할까? 더구나 작년 일은?

요즘은 누구나 빅 데이터Big Data의 중요성을 너무나 잘 알고 있다. 특히 첨단 기업일수록 이러한 특성을 잘 활용하고 있는데, 그들은 오랫동안 수집한 엄청난 양의 고객 데이터를 기반으로 더욱 시장을 키워가고 있다고 한다. 어쩌면 내 농사에 관한 기록도 한두 해 뿐이라면 그다지 중요하지 않았을지도 모른다. 하지만 지난 14년의 기록들을 모아놓으니 제법 쓸모 있는 정보가 되어주었다.

내 농사일지를 설명하자면, 첫 번째 노트는 날짜별로 내가 한 일을 기록한 노트다. 여기에는 언제 무엇을 심었는지, 퇴비를 언제 얼마나 주었고, 방제한 날짜가 언제인지, 또 꽃 피는 날짜가 언제인지도 기록했다. 급한 마음에 남들 따라 4월 20일경 모종을 심었더니 두 차례나 냉해를 입었기에, 늦서리가 자주 찾아오는 우리 밭의 경우에는 5월 초순까지 기다렸다가 모종을 심어야 한다는 것을 농사일지를 보고서야 알았다. 또 8월 20일 이전에 김장배추를 심고 무더운 날씨가 계속되면 병 피해(무름 병)가 크다는 것도 알게 되어 지금은 8월 25일이 되어야 김장배추를 심는다.

이렇듯 한두 해의 기록은 크게 도움이 되지 않을지 몰라도, 지난 14년의 자료가 모이니 우리 집 기후에 맞는 최적의 농사법을 추정할 수 있었다. 또 언제 무엇을 심는 것이 적당한지, 누구한테 묻지 않더라도 지난 기록들을 찾아보면 곧바로 알 수가 있다. 이제는 우리 밭에 대해서는 어느 누구보다도 내가 제일 잘 안다고 말할 수 있다.

두 번째 노트는 작물별 재배법과 재배 후기, 그리고 텃밭 내 구역별로 어떤 작물을 심었는가에 대한 기록이다. 작물별 재배법은 내가 교육받은 자료와 주위에서 얻어들은 자료를 기록한 것이고, 재배 후기는 내가 직접 농사지으며 터득하게 된 내용들이다. 그래서 '어떻게 하면 좋다든지, 어떻게 했더니 망했다'가 포함되어 있다.

그리고 텃밭 내 구역별로 어떤 작물을 심었는가에 대한 기록도 남겨 놓았다. 농사란 게 워낙 장시간에 걸쳐 진행되다 보니 지난 몇 년 동안 어디에 무엇을 심었는지 제대로 기억하지 못한다. 그래서 특히 텃밭이 좀 크면 꼭 기록해둘 필요가 있는 것 같다. 특히 이 기록은 돌려짓기 계획을 세우는데 꼭 필요한 정보다.

요즘은 해마다 어디에 무엇을 심을지 고민하기도 귀찮아서 아예 3년 주기로 반복되는 작물 배치도를 만들어 돌려짓기를 하고 있다.

22
5월이 되어서야
텃밭에 모종을 심었다

5월이 되기까지 기다리고 또 기다렸다. 날씨 예보를 보면 이제 안심해도 될 것 같기도 했지만, 그래도 버텼다. 결국 5월이 되어서야 텃밭에 온갖 채소들을 심었으니 이번에야말로 단연코 인간 승리다.

시간도 많고 부지런한 농사꾼이, 남들은 텃밭에 온갖 농작물을 다 심었는데도 손 놓고 지켜만 봐야 한다는 건 어쩌면 고문을 당하는 것과 같다. 마음이 급하다. 더구나 비닐하우스 안에서 자라던 옥수수 모종은 키가 부쩍 커버렸다.

하지만 냉해 피해가 특히나 심한 우리 밭에서 남들 따라 일찍 심었다가 피해를 본 것이 한두 번이 아니니, 올해만큼은 내 계획대로 해보겠다고 굳게 결심을 한 터였다. 어찌 보면 부질없어 보이는 결심인지라 더욱 지키기 어려웠는지도 모르겠다. 그런데 가만히 돌이켜보면, 내가 너무 사소한 일에 목숨 거는 것 같기도 하다. 그까짓 모종 좀 죽으면 어떻다고! 이런 것을 두고 나이 들면 고집만 세어진다고 하나 보다.

5월 2일 음성 장에 모종을 사러 갔다. 생강 종자를 구입하려는데 주인아저씨께서 물어보셨다.

"생강 심어봤어요?"

아니, 왜 내가 농사꾼처럼 보이지 않나? 요즘 봄볕에 타서 얼굴도 검어졌는데 말이다. 시골사람들은 나를 도시 사람으로 보고, 도시 사람들은 나를 시골 사람으로 보는 것 같다.

"그럼요. 그런데 보관했던 생강 종자가 못 쓰게 돼서 새로 사러 나온 거예요."

이제야 말이 통하기 시작했다.

"일반 가정에서는 생강 종자 보관하기가 정말 힘들어요. 차라리 조금 사시는 게 더 나아요."

말씀하시는 게 꼭 장사 속은 아닌 것 같다. 덕분에 옆에 있던 아내에게 체면이 조금은 섰다.

"그것 봐. 생강 종자 보관은 누구나 힘든가 봐!"

땅콩을 모판에 심은 날짜가 3월 30일이고 밭에 정식을 한 날짜가 5월 1일이니, 비닐하우스 안에서 땅콩 모종을 32일간 키운 셈이다. 그런데 땅콩 싹의 크기로 봐서는 며칠을 더 키워도 될 것 같다. 내년에는 땅콩 모판을 며칠 더 빨리 만들어야겠다. 그렇다고 모판을 너무 일찍 만들면, 밭에 정식하기도 전에 웃자라 버리므로 날짜 계산을 잘해야 한다.

대파를 반 판 구입했는데 모종이 무려 100개다. 올해는 풀 뽑기도 귀찮아 구멍이 뚫려 있는 마늘 비닐을 깔아주고 대파를 심었다. 그런데 심고 보니 어째 줄 간격이 너무 가까운 것 같다. 다시 뽑을 수도 없고…. 그냥 적당히 키운 다음, 한 줄씩 건너가며 먼저 뽑아 먹어야 할 것 같다.

최근에 알게 된 내용인데 어떤 분은 대파를 여름이면 수확하신다고 한다. 당연히 대파를 빨리 수확하면 농약을 칠 필요도 없으니 좋고, 대파가 억세지 않아서 좋고, 잘게 썰어 냉동실에 보관했다가 나중에 먹으면 된다고 한다(대파도 농약을 많이 치는 작물 중의 하나다). 우리 집도 올해는 그 분처럼 따라서 해볼 생각이다.

토마토 좋아하는 집이니 토마토를 14포기나 심었다. 4포기는 일반 토마토로(한 포기에 500원) 비닐하우스 안에 심었고, 나머지 10포기는 접목을 한 토마토로(한 포기에 1000원) 노지에 심었다. 토마토를 접목하여 만든다는 이야기는 처음 들어보았다. 가만히 모종을 들여다보니 정말 접목한 자리가 보인다.

수박도 호박에 접목하여 만든다고 하더니만, 이젠 토마토도 접목을 하나 보다. 모종 만드는 법도 하루가 다르게 발전하는 것 같다. 인터넷을 찾아보니 토마토는 감자에 접목을 한다고 한다(감자와 토마토는 같은 '가지과' 식물이라 접목이 가능하다). 아무튼 모종 파시는 분이 후회하지 않을 거라고 자신만만하게 말씀하시니 믿고 구입할 수밖에…. 정말로 후회하지 않을지는 나중에 수확할 때 보면 알 수 있겠지.

고추 모종도 40포기를 심었다. 이 정도면 마른 고추 2관은 수확할 수 있으니 김장하고, 일 년 먹고, 고추장까지 담글 수 있는 양이다. 식구도 별로 없으니 이 정도로도 충분하다. 또 더 많이 심어봤자 무더운 날씨에 수확하느라 고생만 한다.

그 외에도 내가 최근에 심은 작물을 나열하자면, 오이, 마디 호박, 흰 강낭콩, 가지, 피망, 토란 등 30여 가지가 넘는 것 같다. 양은 얼마 되지 않지만 종류는 무척이나 다양하다. 일부 모종은 장에서 구입했지만, 비닐하우스에서 내가 직접 키운 것들도 많다. 비닐하우스 만들고부터는 웬만해서는 직파를 하지 않고 모종을 만들어 심는 것을 선호하는 편이다. 이렇게 또 한 해 농사가 시작되고 있다.

23

자급자족?
아직 어림도 없는 말이다

어쩌다 우리 집을 방문한 지인들이 풍성한 우리 집 텃밭을 보면 한마디씩 한다.

"채소는 거의 다 자급자족하시나 봐요. 생활비도 절약되고 좋겠어요!"

텃밭에서 워낙 다양한 농작물을 키우고 있으니 그렇게 보일 만도 하다. 그 분들 말씀대로라면 지금쯤 우리 집은 부자가 되어 있어야 한다. 그런데 아직까지도 요 모양으로 살고 있는 것을 보면 분명히 보이는 것이 전부는 아니다.

수확할 시기가 된 텃밭은 풍요롭다. 그렇지만 아무리 일 년 내내 농사를 짓는다고 하더라도 농작물을 수확할 수 있는 시기는 한 철뿐이다. 또 수확한 작물을 오래 보관할 수 있는 것도 아니다. 텃밭에서 흔히 키우는 상추를 예로 들어보자. 봄에 상추를 심고 나서 두 달 정도만 뜯어먹으면 꽃대가 올라오고, 그것으로 끝이다. 수확한 상추를 냉장고에 넣어봤자 오래 보관되지도 않는다. 가을에 상추를 다시 심는다고 해도 결국 일 년 중 절반 이상은 상추 없이 지내거나 마트에서 사 먹어야 한다.

다른 작물도 비슷하다. 특별한 보관법이 있지 않는 한 대부분의 채소는 금방 상해버린다. 토마토, 오이, 가지, 마디 호박 등은 모두 한 철 채소다. 그토록 토마토를 많이 수확했어도 지금은 병조림 몇 개 밖에는 남은 것이 없다. 옥수수? 일주일 정도는 질리게 먹을 수 있을지 몰라도 집에 커다란 냉동고가 없다면 그것으로 끝이다(냉장고로는 안 된다). 물론 예외도 있다. 잘만 보관하면 여름에 수확한 감자는 겨울까지 먹을 수 있고, 고구마는 이듬해 봄까지도 먹을 수 있다. 어쩌면 농사짓는 것보다 더 중요한 것이 갈무리를 잘하는 건지도 모르겠다.

농사를 시작한 초기에는 남들처럼 흔하고 재배하기 쉬운 작물 몇 가지만 심었다. 수확기가 돌아오자 채소들이 쏟아져 나오기 시작했다. 우리 부부 둘이서 먹어봤자 얼마나 먹는다고! 당연히 채소가 남아 넘쳤다. '좀 넉넉하게 심어 남는 것은 주위에 나누어주면 되지'라고 하실 지도 모르겠다. 물론 도시라면 맞는 말씀이다. 도시에서는 집에서 키운 채소를 나누어준다면 누구나 대환영일 것이다. 하지만 시골에서는 '우리 집에도 많아요'라는 대답이 돌아온다. 시골에서는 크기에 차이가 있을지언정 텃밭이 없는 집이 없다. 또 집집마다 심는 작물의 종류와 시기도 비슷하니 내가 넘쳐나면 남들도 넘쳐났고, 내가 없으면 남들도 없었다.

처음에는 지인들에게 택배로 보내주기도 했었다. 하지만 그것도 한두 번이지 지속적으로 실행하기에는 보내는 사람뿐만 아니라 받는 사람도 부담이 된다. 그래서 저장고에 보관했다가 때맞춰 찾아오는 지인이 있으면 나누어주곤 했는데, 나중에 보면 시들고 상해서 버리는 것들이 절반을 넘었다. 그 당시 내가 닭을 키우는 것을 심각하게 고민했던 이유도 버리는 농작물이 너무 아까워서였으니까.

이따금 유튜브를 보면 다양한 농작물을 키우며 자급하는 사람들이 나온다(외국 사례임). 자급률이 얼마나 되는지는 몰라도, 그들은 검은색의 기름진 텃밭에서 갓 뽑아온 싱싱한 채소로 요리를 한다. 그 모습이 부러웠다. 우리 집도 다양한 농작물을 심되 남아버리지 않을 정도로 조금씩만 심어야지! 그리고 필요할 때마다 뽑아 먹어야겠다고(텃밭이 작아 많이 심을 수도 없지만) 생각했다. 그 이후 우리 집 텃밭에서 키우는 채소의 종류가 점차 늘어나서 지금은 40여 가지가 된다. 과일까지 합치면 50여 가지는 되는 것 같다.

물론 종류별로 양은 얼마 되지 않는다. 그래도 지금은 고추, 마늘, 파, 생강과 같은 양념을 자급할 수 있고, 내가 좋아하는 땅콩을 일 년 내내 먹을 수도 있다. 또 우리 밭에서 재배한 채소만으로 김장도 담근다. 과일도 봄에 딸기와 청포도 말고는 거의 구입한 적이 없는데, 지금은 비닐하우스 안에 청포도가 자라고 있으니 앞으로는 그마저도 줄어들 것 같다. 워낙 다양하게 농작물을 키우니 그래도 우리 집은 남들보다는 자급률이 조금은 더 높을 것 같다.

하지만 요즘에도 아내는 이따금 마트에서 야채를 사오곤 한다. 계절상 우리 집 텃밭은 점점 황량해져 가지만 마트에 가면 아직 오이도 있고, 토마토도 있다. 난방시설이 없는 텃밭에서 자급자족하기에는 분명히 한계가 있고, 지금으로서는 한 철 채소를 공급하는 것만으로 만족해야 한다는 생각을 한다.

어쩌면 텃밭 농사란 건강한 먹거리를 직접 재배한다는데 더 큰 의미를 두어야 할지도 모르겠다. 혹시 생활비를 조금이라도 아낄 수 있으면 더 좋고. 하지만 앞으로도 텃밭 농사지어 부자가 될 것 같지는 않다. 자급자족? 아직 나에게는 어림도 없는 말이다.

24
첫 밭농사 소득
41만원

귀촌하여 그럭저럭 먹고는 살 수 있다 하더라도, 돈 걱정 없이 풍족하게 평생을 살아갈 수 있는 사람은 많지 않은 것 같다. 보통 사람들이(나를 포함해서) 은퇴 전까지 일을 한다고 해도 모을 수 있는 금액은 뻔하다. 연금? 대부분의 사람들에게 아직까지 연금은 넉넉한 노후를 보장해 주지는 못한다. 그래서 귀촌한 뒤에도 가급적 아끼며 살아야 한다.

텃밭을 가꾸고 유실수를 키우면 직접 재배한 건강한 음식을 먹을 수 있으니 좋다. 그런데 혹시 텃밭 농사로 부식비라도 아낄 수 있다면? 한 푼이라도 반찬값을 아낄 수만 있다면 날마다 텃밭에서 채소를 뜯어 아내에게 갖다 바치는 수고쯤은 얼마든지 감수할 수 있을 것 같았다. 더구나 구입한 땅의 규모가 좀 커서 집을 짓고 작은 텃밭을 만들었는데도 땅이 좀 남는다면, 혹시 그 남는 땅에 내 능력껏 농사를 지어 용돈이라도 벌 수 있으면 좋지 않을까?

우리 집 과수원도 그런 이유로 시작되었다.

평생 농사를 지어온 지인 한 분이 나에게 해준 말이 있다. 밭 5천 평에서 농사를 짓는데, 경비 제외하면 연간 소득이 2천만 원 정도라 겨우 먹고살고 있다고! 이 분은 옥수수와 콩을 이모작 하신다. 그 이야기가 현실이란 것을 내가 직접 농사를 지어보고서야 알았다.

오래 전 일이긴 하지만, 내가 2,000m²(약 600평)의 밭에서 처음으로 소득을 올린 작물이 '호박고구마'인데, 나와 아내 인건비를 포함해서 41만원 벌었다. 그 금액이 일 년간 힘들게 농사지어서 얻은 소득이다. 그것도 밭을 공짜로 경운해줘서 남았지, 만약 그 비용마저 냈더라면 오히려 손해 볼 뻔했다. 우리 부부가 일 년간 밭에 오가며 들어간 교통비는 계산에 넣지도 않았다. 처음으로 고구마를 심을 때 물어봤다.

"고구마 60단(6000포기) 심으려면 얼마나 걸려요?"

"글쎄, 둘이 심으면 하루나 이틀이면 충분할 거야."

그런데 막상 일을 해보니 꼬박 3일 걸렸다. 그리고 마지막 날에는 무릎이 아파 일어설 수도 없었다. 그 후에도 고구마 넝쿨이 무성해질 때까지 풀을 뽑아주며 땀을 흘렸는데, 나중에 손익계산서를 보니 이렇다.

호박고구마 싹(60단) 27만원, 비닐 5만원, 고구마 박스 및 부자재 17만원, 수확 시 인건비 및 식대 65만원, 운송 판매비 10만원으로 총비용이 124만원 들어갔다. 그런데 호박고구마 240박스를 판매해서 받은 금액은(경매로 판 가격) 165만원이었다. 따라서 차액(소득)은 41만원이었다. 물론 상품성 없는 고구마가 엄청나게 많이 남긴 했다.

내가 이렇게 상세하게 판매 기록을 공개하는 이유는 농촌의 현실을 보여주기 위해서이다. 일반적으로 밭작물은 평당 2,500원의 소득은 올린다고 하므로, 난 150만원은 벌었어야 했다. 그런데 우리 부부가 능숙하게 일을 하지도 못했으니 인건비 지출이 컸고, 트럭도 없었으니 경비가 클 수밖에 없었다.

그런데 더 중요한 것은 경매 가격이다. 내가 받은 금액은 박스당 평균 6,875원이었다. 아마도 내가 시장에서 같은 호박고구마를 구입하려면 최소 15,000원 이상은 줘야 했다. 그렇다면 유통 과정에 내 몫보다 더 많은 8,125원이 들어갔다는 말이다. 물론 유통비용도 필요하지만 배보다 배꼽이 더 컸다. 그리고 이런 현상은 대부분의 농산물에서 공통으로 나타난다.

이 고구마 농사 이후로 난 내가 재배한 농산물을 경매로 넘긴 적이 한 번도 없다. 내가 대규모로 농사를 지어 판매하는 것도 아니지만, 아무리 텃밭에서 농약과 제초제를 사용하지 않은 건강한 먹거리를 생산한다고 해도 그 노력의 대가가 나에게 돌아오지 않는다는 것도 알았다. 그래서 나처럼 소규모로 농사짓는 사람들에게는 직거래가 유일한 대안으로 보인다.

물론 직거래를 하더라도 결코 싸지가 않다고 불평하시는 분들도 계실지 모르겠다. 비록 대부분 직거래가 경매 가격으로 거래되지는 않지만 그래도 일반 소비자 가격보다는 싼 편이며, 판매 가격 역시 개인별로 큰 차이가 있다(시골에서 이웃과 거래를 해도 경매가로 팔지는 않는다. 대신 덤은 듬뿍 주지만).

어쩌면 직거래를 할 때 더욱 중요한 것은, 생산자는 안전하고 건강한 먹거리를 양심껏 생산하는 대신에 노력의 대가를 어느 정도 보장받을 수 있어야 하고, 소비자는 적절한 가격을 지불하는 대신 믿을 수 있는 안전한 먹거리를 구입할 수 있어야 한다. 생산자나 소비자나 지켜야 할 도리라는 게 있다.

만약 내가 어떤 공산품을 만들어 판다고 하면 이익을 보든 손해를 보든 물품 가격을 내가 정한다. 그런데 농산물은 도매시장에서 사는 사람이 가격을 정해준다. 이 물건 값은 얼마이니 팔려면 팔고 싫으면 가져가라고!

기껏 비용을 들이며 가져왔는데 싫으면 도로 가져가라고? 다른 물건이라면 몰라도 시들어 버리는 농산물을? 갑질도 이런 갑질이 없다. 그래서 직거래를 할 수 없는 대부분의 사람들은 얼마를 주든 경매를 통해 물건을 팔 수밖에 없다. 도저히 타산이 맞지 않을 것 같으면 아예 수확하지 않고 밭을 통째로 확 갈아엎기도 한다. 농사꾼의 입장에서는 다른 뾰족한 대안이 없다. 그리고 이러한 악순환이 반복되는 한, 땀 흘린 대가를 보상받을 수 있는 시골이 오기에는 아직 요원해 보인다.

25

실수하면서 배운다 ①

왜? 토마토 장사하시려고?

우리 식구들은 토마토를 좋아한다. 텃밭에서 햇빛을 받아 빨갛게 익은 토마토의 맛은 마트에서 파는 여느 토마토와는 비교할 수가 없다. 마트에서 파는 토마토는 덜 익은 상태로 수확을 하지만, 우리 집 토마토는 밭에서 다 익을 때까지 기다려준다.

또 무엇을 주고 어떻게 키웠는가에 따라 토마토 맛이 달라지기도 한다. 나도 예전에는 토마토가 이런 맛인 줄 상상도 못 했다. 그저 여름이면 의무적으로 몇 개쯤 먹어줘야 하는 채소로만 생각했었다. 그런데 우리 집에서 직접 키운 토마토를 먹고부터는 완전히 토마토 마니아가 되었다.

토마토가 익어갈 때쯤 우리 집을 방문하는 분들은 우리 토마토를 맛볼 수 있는데, 한결같이 토마토의 강한 맛에 놀라곤 한다. "이렇게 맛있는 토마토는 처음 먹어봐요. 향도 진하고 감칠맛이 나요!"라고 감탄해 마지않는 지인(여성)들을 보면 나도 뿌듯해진다. 그런데 똑같은 토마토를 먹고도 남자들은 그냥 "맛있네"라고 말하면 끝이다. 앞으로 이런 분들은 다시는 토마토 얻어먹을 생각은 하지 않는 게 좋을 것 같다.

영화에서도 종종 토마토가 나온다. 영화 〈리틀 포레스트〉야 시골이 배경이니 그렇다 치고, 심지어는 토마토와는 전혀 상관도 없는 영화 〈대부〉에도 토마토가 나온다. 대부인 '돈 비토 코를레오네'가 마지막으로 손자와 놀다가 심장마비로 죽는 허무한 장면이 있는데, 하필이면 그 장소가 토마토 밭이다. 그만큼 토마토는 국내외 어디를 막론하고(심지어는 마피아 두목의 텃밭에도) 누구나 심는 흔한 작물인지도 모르겠다.

요즘은 먹기 편한 방울토마토를 많이 재배하는 모양인데, 우리 집은 아직도 큰 토마토 위주로 심는다. 나는 영화 〈리틀 포레스트〉에서 모녀가 마당에 앉아 토마토를 먹는 장면처럼, 큼직한 토마토를 한 입씩 베어 먹는 것을 좋아한다. 그렇게 먹어야 토마토에서 퍼져 나오는 강한 맛과 향을 제대로 즐길 수가 있다.

내가 농사를 시작한 지 얼마 되지 않아서 텃밭에 토마토를 좀 많이 심었던 적이 있다. 식구들이 토마토를 워낙 좋아하니 토마토 익어가는 속도가 먹어치우는 속도를 따라가지 못할 거라 생각했다. 시골 살면서 식구들에게 다른 것은 못해 주더라도 토마토라도 실컷 먹게 해줘야겠다는 생각이 강했다. 그래서 길이 10미터짜리 밭이랑 4곳에 토마토를 심었다.

내가 생각하기에도 토마토가 좀 많아 보이기는 했지만 당시에는 작물별로 소출이 얼마나 나오는지에 대한 개념이 없었다. 그저 좀 넉넉히 심었다가 나중에 남으면 주위 분들과 나누어 먹으면 되겠지 싶었다. 옆집 할머니가 지나가시다가 우리 집 텃밭에 심은 토마토를 보시고는 물었다.

"왜? 토마토 장사하시려고?"

"아뇨, 저희가 먹을 건데요".

영 못 미더워하시는 할머니께 한마디 더 거들었다.

"우리 식구가 워낙 토마토를 좋아해서요."

그리고 왜 할머니가 혀를 쯧쯧 하시며 가셨는지 그 이유를 나중에야 알았다.

2009년 농업일지를 보고서야 내가 얼마나 미련 맞은 짓을 했는지 알았다. 토마토를 무려 120포기를 심었다. 지금에야 입이 딱 벌어질 정도로 많다는 것을 알지만, 당시는 그렇게 많은 건지도 몰랐다. 솔직히 2009년도에는 내가 좀 많이 무식했다.

텃밭에서 120포기의 토마토가 익어갔다. 날마다 광주리 가득 완전히 익은 토마토가 쏟아져 나왔다. 바닥에 볏짚을 깔아줘서인지 그 해는 유난히 토마토가 잘 자랐던 것 같다. 하루 세 끼, 아침부터 저녁까지 토마토를 먹고 또 먹었다. 이웃에도 나누어 주고, 친구에게도 주고, 만나는 사람마다 나누어 주었다. 그래도 토마토가 남아 넘쳐났다.

그래, 병조림을 하자! 병을 한 박스나 사서 토마토를 물에 끓여 진공포장을 했다. 저장고에도 토마토 병이 꽉 찼고, 그래도 토마토가 남아 넘쳤다(병조림은 겨우내 먹고도 남아 2년쯤 뒤엔 다 버렸다). 그래서 아내와 싸웠다. 별 이유도 없이 내가 토마토만 따오면 싸웠다. 한 광주리 가득한 빨갛게 익은 맛있는 토마토를 보기만 하면 인상을 찌푸리고, 곧이어 말다툼이 벌어졌다.

그 해 토마토 수확이 끝나는 8월 말까지 지긋지긋하게 토마토를 먹었고, 아내와 말다툼을 수도 없이 했던 것 같다. 당시에는 저온 저장고도 없었으니, 익을 대로 익은 빨간 토마토는 뒷베란다에 며칠간 머물다가 대부분 퇴비장으로 보내졌다. 식구들은 모두 토마토만 보면 고개를 설레설레 저었다.

물론 많이 똑똑해진 지금은 토마토를 보통 10포기 정도만 심는다. 물론 10포기도 적지 않은 양이다. 우리 식구는 아직까지도 토마토를 무척이나 좋아하는 것 같다. 사실 우리 집 텃밭에서 키운 토마토의 그 진한 향과 감칠맛을 누군들 좋아하지 않겠냐마는….

26

배추벌레가
왜 죽지 않지?

누구나 처음으로 텃밭을 가꾸게 되면 수없이 실수를 한다. 어려서 시골에서 자랐으면 당연시했을 것도 한 번 구경해본 적이 없는 사람에게는 낯설기 그지없다. 처음에는 농사 용어도 무척이나 이해하기가 어렵다.

귀촌하기 전에 텃밭을 조금 빌려 가꾼 적이 있었다. 남들이 김장 배추를 심는다고 하기에 우리 부부도 남들 따라 밭을 만들었다. 이때는 농기구도 달랑 삽 하나밖에 없었다(아! 모종삽도 있었다). 지금 생각하면 겨우 목숨만 붙어 있을 정도의 퇴비를 주고는 신이 나서 모종을 사다가 심었다. 그때는 예상 외로 배추 모종들이 죽지도 않고 잘 자라주었다.

그러던 어느 날 밭에 가보았더니 배춧잎에 구멍이 숭숭 뚫려 있는 것이 아닌가!

"으악, 배추벌레가 나타났다!"

그런데 한두 마리도 아니고 이를 어쩐다? 언젠가 농약 대신 목초액을 뿌려주면 된다는 말을 들은 기억이 났다. 그래서 급히 목초액을 사왔는데 500배로 뿌려주라는 설명서가 붙어 있었다.

'500배가 뭐지?'

아내와 한참 동안 머리를 맞대고 고민한 결과 500배란 물 500에 목초액 1의 비율인 것 같았다. 그런데 그 500배란 양이 물 10리터에 목초액을 겨우 한 숟가락(20cc) 넣는 정도이니, 과연 이렇게 조금 넣어서 효과가 있을까 싶었다.

아무튼 잘 모르니 시키는 대로 할 수밖에! 그래서 500배로 목초액을 섞은 물을 배추에 뿌려주었는데, 도중에 배추벌레 한 마리를 발견했다. 그 배추벌레를 확실히 보내버리려고 목초액을 집중해서 뿌려주었는데, 아니 어떻게 배추벌레가 목초액을 뒤집어쓰고도 멀쩡한 것이 아닌가! 설사 죽진 않는다 하더라도 최소한 꿈틀대며 도망이라도 가야 하는 거 아냐? 그런데 그냥 딱 버티고 있으니 과연 목초액이 효과가 있는 것인지 의구심이 들기 시작했다.

'분명히 설명서가 잘못된 것이 틀림없어! 아니면 우리 부부가 500배란 말을 잘못 이해하고 있거나.'

그래서 배추벌레 잡아놓고, 아내와 함께 밭 옆에 쪼그리고 앉아 얼마나 진하게 목초액을 타야 배추벌레가 죽는지 마루타 시험을 시작했다. 과연 배추벌레가 꿈틀대며 죽는 순간이 오긴 했다. 회심의 비법을 알아냈으니 목초액 통에 붙어 있던 오류투성이의 설명서는 무시하기로 했다. 그리고는 우리 부부가 알아낸, 배추벌레가 죽을 정도의 진한 목초액을 배추밭에 뿌려주고 의기양양해서 집으로 돌아왔다.

다음 주말에 밭에 가 보았는데, 정말로 배추벌레는 흔적도 없이 다 사라졌으니 예상대로 모두 다 죽은 게 틀림없었다. 단지 한 가지 아쉬웠던 것은 우리 밭에 있던 배추들도 전부 하얗게 말라죽어 있었다. 그 해 가을 농사는 그렇게 속절없이 끝났다. 그리고 주위 사람들 보기가 창피해서 다시는 그 밭에 얼쩡거리지도 않았다.

P.S. 자연농업 교육을 받을 때, 목초액은 관주용(땅에 뿌려주는 것)으로만 사용하라고 배웠다. 아마도 엽면시비(잎에 뿌려주는 것)를 할 경우 채소에서 역한 냄새가 날 수도 있기 때문이 아닌가 싶다. 아무튼 지금은 목초액을 관주용으로만 사용하고 있다. 500배는 물 500에 목초액 1이 맞다. 그리고 목초액은 해충 기피제이지 살충제가 아니다.

27

저 무성한 수박넝쿨을
다 뽑아버리라고?

요즘 자주 느끼는 건데 아무리 생각해도 내가 농사에 대한 기본지식이 좀 딸리는 것 같다. 어려운 영어 단어는 외웠으면서도 때로는 아주 기본적인 단어를 몰라서 헤맨다고나 할까? 물론 뒤늦게 배운 농사이니 평생 농사를 지어오신 분들과는 비교가 되지 않는다. 아무리 그래도 그렇지, 남들은 다 아는 아주 기본적인 지식이 없어서 때로는 농사를 망치기도 한다. 처음 심어본 수박도 그렇게 어이없는 이유로 망가졌다.

그때 처음으로 수박 모종을 심었다. 초기에는 추위로 비닐하우스 안에서도 몸살을 앓는 듯싶더니만 수박은 죽지 않고 넝쿨을 키웠다. 잘 자라라고 수박 모종 주위에 볏짚도 덮어주었다. 땅의 습도가 유지되어서인지 수박은 엄청난 속도로 자라기 시작했다. 교과서에서 배운 대로 잎이 3~4장 되었을 때 순지르기를 했고, 새로 나온 덩굴 두 개만 키웠다.

덩굴 하나에 수박을 한 개씩만 매달 생각이니 수박 모종 3포기에 총 6개의 수박이 열릴 것이다. 그 정도면 몇 개는 주위 분들과 나누어 먹을 수도 있을 것 같다. 또 나에게 모종을 얻어준 형님께도 수박을 갖다 바쳐야 한다. 내년에도 모종을 공짜로 얻으려면. 그리고 곁순들도 보이는 대로 다 제거해 주었다. 수박은 16마디 이후에 달아야 크고 좋은 수박이 된다고 하므로 그 전에 피는 꽃들은 전부 따주었다. 여기까지만 보면 나도 전문가와 거의 다를 바가 없었다.

드디어 열매가 맺혔다. 아, 얼마나 고대하던 수박이었던가! 계획대로 딱 6개의 작은 수박을 남겨놓고 나머지는 전부 따내어 주었다. 물론 보이는 다른 꽃들도 모두 제거해 주었다. 더 이상은 아까운 양분을 필요도 없는 꽃 피우느라 소비하면 안 되니까. 그동안 사과나무 키우며 습득한 전문가의 솜씨로 순식간에 처리해 버렸다.

그런데 며칠 후 수박 2개가 별 이유도 없이 갑자기 시들어버렸다. 어, 수박이 왜 이래? 가슴이 덜컹 내려앉았다. 딱 6개밖에 없었는데 하루아침에 2개가 시들어 버리다니! 계획에 차질이 생기기 시작했다. 갑자기 왜 수박이 시든 거지? 정확한 이유를 모르니 더 답답할 수밖에…. 혹시 땅에서 올라온 습기 때문인가? 그래서 나뭇조각을 가져다가 남아있는 작은 수박 아래에 받쳐주었다. 이미 죽은 2개는 어쩔 수 없다 치고, 이제 남은 4개라도 잘 키우면 된다.

그런데 바로 다음날, 마지막 남은 수박 4개마저 전부 시들어버렸다. 헉! 정말로 심장이 멈추는 줄 알았다. 저 무성한 수박넝쿨에 수박은 하나도 없다! '아이고' 소리가 나도 모르게 나오고, 더이상 아무런 생각도 떠오르지 않았다. 아무래도 내 능력을 벗어난 것 같다. 마음이 다급해졌다. 더 망가지기 전에 빨리 무슨 조치를 취해야 한다. 지인의 도움으로 어렵게 수박 전문가를 초빙하기로 했다.

"더 이상은 절대로 손대지 말고 전문가 올 때까지 그냥 놔두세요!"

지인은 의심의 눈초리로 나를 째려보며 말했다. 그래서 정말손도 대지 못하고 날마다 애처롭게 무성한 넝쿨만 쳐다봤다. 전문가가 오면 틀림없이 무슨 해결책이 있을 거야…. 며칠 후, 마침내전문가가 나타났다. 엉뚱한 이야기 같지만, 전문가는 먼저 수박옆에서 자라고 있던 단호박을 보고 설명을 시작했다.

"호박도 수박과 똑같아요. 이 호박이 결실이 된 것 같으세요?"

"그럼요, 호박이 열렸는데요."

어? 그런데 아니란다. 설명에 의하면 작은 호박이 달린 것이단호박 암꽃이고, 없는 것이 수꽃이란다. 수정이 되어 단호박이달린 게 아니라, 암수 꽃의 모양이 원래 이렇게 다르게 생겼다는얘기다. 그리고 암꽃에 수정이 되면 달려 있는 호박이 커지지만,

수정이 되지 않으면 호박이 시들어 떨어져 버린다고 한다.

　나는 지금까지 암꽃과 수꽃도 구별하지 못하며 농사를 지었다는 말이다. 수박이나 호박은 대부분의 유실수처럼 수정이 된 이후에야 열매가 열리는 게 아닌가 보다. 그동안은 작은 호박이 시들어 떨어지면 왜 그런지도 몰랐다.

　"어? 사과와는 다르네!"

　내 한탄 섞인 목소리에 아내가 위로를 해주었다.

　"우리만 그런 게 아니고 전문가가 아니면 다들 모를 거야."

　그런데 나중에 주위 사람들에게 물어보니, 딱 한 사람 초짜 농사꾼 형님을 빼고는 다들 알고 있었다. 그런 것도 모르고 나는 아까운 양분 아낀답시고 수정도 안 된 암꽃 6개만 남겨놓고 수꽃들을 모조리 다 따버렸으니 수박이 한 개도 없는 것이 당연하다.

　우리 집 수박밭의 무성한 덩굴을 살펴보니 이제야 암꽃과 수꽃이 보이기 시작했다. 내가 애를 태우며 전문가를 기다리는 며칠 동안 새로 피어난 암꽃이 두세 개쯤 보이고, 무수히 많은 수꽃들이 그 암꽃을 둘러싼 채 시시탐탐 기회를 노리고 있었다. 꽃의 세계도 종족번식을 위한 경쟁이 엄청나게 치열한 것 같다.

　전문가는 "벌이 없을 때에는 수꽃을 따서 이렇게 암꽃에 인공수정을 시켜줘야 해요"라며 시범을 보여주었다. "시기적으로 수박을 달기에는 너무 늦었어요. 그리고 이제는 수박을 달아봤자 껍질만 두껍고 맛도 없어요."라고 전문가가 말했다. "차라리 뽑아버리고 다시 심으면 추석 때쯤이면 수확할 수 있을 거예요. 수박이 하나도 달리지 않았으니 잎 색깔이 이렇게 진한 거예요. 영양분이 갈 곳이 없어서…" 와! 역시 전문가답다.

그런데 저 무성하게 자란 수박넝쿨을 그냥 다 뽑아버리라고? 휴우~ 요즘 왜 하는 일마다 이 모양인지 모르겠다. 차라리 처음 부터 그냥 내버려 두었더라면 작더라도 저절로 수정된 수박 몇 개 는 건졌을 텐데…. 이번에도 비싼 수업료를 내고 배운 셈이다. 그 런데 책에는 아무리 눈을 씻고 찾아봐도 이런 내용이 없다. 농사 는 책에서 모든 것을 배울 수 있는 것이 아닌가 보다.

이미 망가진 수박농사를 회복할 방법은 없고, 한 가지 걱정거 리만 생겼다. 주위에 수박 얻어먹겠다고 은근히 기다리는 분들이 제법 있는데, 그분들에게 뭐라고 변명을 하지? 수박 심었다고 자 랑이나 하지 말걸, 입이 방정이다. 더구나 수박 모종을 얻어다준 형님께는? 내년에 수박 모종 얻기는 다 틀려버린 것 같다.

28

귀농 10년이면 전문가가 된다 ①

올해 대추 맛보기는
틀렸는지 알았어

길고긴 장마가 시작되기 전에 대추나무 가지들을 줄로 묶어주었다. 아직까지는 대추알이 작아 괜찮을지도 모르지만 잎이 비에 젖으면 그 무게를 이겨내지 못한다. 대추나무가 단단하고 질긴 것은 맞는데 새로 자란 가지의 마디 부분만큼은 약한 것 같다. 더구나 새로 자라는 가지들은 하늘로만 쭉쭉 뻗으니 비에 젖은 가지가 아래로 처지게 되면 마디 끝이 쉽게 찢어진다.

성당에서 형님 한 분이 나를 보더니 매우 반가워하신다.

"올해 우리 집 대추가 무지하게 많이 열렸어! 대추 맛보기는 틀렸는지 알았는데….."

올봄에 그 형님 집에 심어져 있는 과수나무 전지를 해드렸다. 유실수를 사다 심은 지는 몇 년이 되었다는데 그동안 전지란 것을 배운 적도, 해본 적도 없었으니 손도 대지 못하고 있다고 하셨다.

그런데 전지에는 시기가 있으니 이때쯤 되면 전지 전문가를 구하는 건 하늘의 별 따기다. 다들 자기 일 하느라 바쁘니까. 그래서 웬만큼 친한 사이가 아니라면 하던 일 중단하고 공짜로 전지해주러 남의 집에 달려갈 사람은 거의 없다고 봐야 한다. 또 특정 종목의 전문가는 있어도 나처럼 온갖 종류의 나무를 전지할 수 있는 사람은 많지가 않다(우리 집에는 품목당 두세 그루뿐이긴 하지만 온갖 종류의 유실수가 다 있다). 물론 전문성이야 조금 떨어지겠지만.

전지의 기본이야 같다고 하더라도 나무의 특성에 따라 전지하는 방법은 완전히 달라진다. 대추나 포도처럼 그 해 자라난 햇가지에 열매가 달리는 나무가 있는가 하면, 복숭아나 자두처럼 2년생 가지에서 열리는 나무도 있다. 또 사과는 3년 된 가지에서 열리는데 몇 년 후에 열릴 사과를 상상하며 전지를 하려니 제일 어렵다. 사람들은 그런 것도 모르고 사과 전문가에게 대추나무 전지법을 묻는다. 나무라고 하면 다 똑같은 줄로만 안다.

내가 이렇게 해박한 전지 지식과 실전 경험을 겸비하고 있는데도 이상하게 사람들은 나에게 좀처럼 전지법에 대해 묻는 법이 없다. 이제는 좀 잊어주었으면 좋으련만, 사람들은 이것저것 농사에 대해 묻고만 다니던 내 초보시절만 기억하는 것 같다. 그리고 그 기억이 사라지지 않는 한, 10여 년 정도의 내 짧은 농사 경력으로는 전문가로 인정받기에는 힘들 것 같다. 그런데 이런 나에게 마침내 섭외가 들어왔으니 아무리 바쁘더라도 하던 일 팽개치고 달려가야 한다.

당연한 일이겠지만 그동안 손 한 번 대지 않은 나뭇가지들이 머리카락처럼 헝클어져 있었다. 웬만해선 손대기도 힘들 정도이고, 또 나무 종류도 우리 집만큼이나 많은 것 같다. 매실나무도 있고, 아로니아, 체리, 감, 대추, 자두, 포도나무 등 참 골고루도 심으셨다. 어떻게 키울 것인지는 전혀 대책도 없으면서 그저 과일나무를 땅에 꽂아만 놓으면 과일이 저절로 열리는 줄 아시나 보다.

어떤 가지를 잘라내야 하는지 친절한 설명을 곁들여가며 전지를 해드렸다. 그 순간만큼은 나도 분명히 전문가가 되었다. 아무것도 모르고 그저 눈만 껌뻑거리는 순한 양 같은 형님 앞에서. 그리고 마침내 대추나무 차례가 되었다. 대추나무는 전지를 할 때 큰 가지 몇 개만 남기고, 나무가 죽겠다 싶을 정도로 곁가지는 모두 잘라내야 한다.

"대추나무는 이렇게 다 잘라줘야 해요. 대추는 올해 새로 나온 가지에만 달리거든요."

그렇게 잘라내도 나중에 보면 끝없이 새 가지가 나온다. 행여 아깝다고 내버려두면 나중에 가지가 너무 많아 복잡해지고, 대추 알도 작아진다. 이 방법은 알이 굵고 상품성 있는 왕대추를 수확하기 위해 전문가들이 사용하는 방법이다. 전문가 흉내를 내고 있는 나도 당연히 이 방법을 쓰고 있다.

그런데 다른 나무 전지법을 설명할 때에는 고개를 끄떡거리며 알겠다고 하시더니만, 대추나무 전지를 할 때는 그저 입을 꾹 다물고만 계셨다. 가지를 워낙 많이 잘라버리니 전지를 부탁한 처지에 뭐라 말도 못 하고 속으로만 끙끙 앓으셨던 것 같다. '괜히 저 돌팔이 녀석한테 부탁했다가 올해 농사 망했나 보다'라고 생각하신 게 틀림없다.

그렇게 죽지만 않으면 다행이라 여겼던 대추나무에서 마침내 수많은 가지가 나오고 대추가 주렁주렁 달렸으니 기쁠 수밖에! 그래서 나를 보자마자 반가운 마음에 달려오신 것 같다.

그런데 정작 우리 집 대추나무는 올해 어째 좀 엉성한 것 같다. 장마 비가 계속 오더니만 벌들이 다들 집에만 틀어박혀 있는지 수정된 대추들이 별로 없는 것 같다. 물론 지금도 대추꽃이 계속 피고 있으니 좀 더 기다려봐야 알 수 있긴 하다. 대추꽃은 거의 두 달 동안이나 피고 지며 수정이 된다.

하지만 앞으로도 대추가 크려면 갈 길이 멀다. 8월이면 태풍도 몰려올 테고, 그때쯤이면 대추알도 굵어질 테니 가지가 찢어질 확률도 훨씬 높아진다. 큼직한 대추가 주렁주렁 매달려 있는 큰 가지가 찢어지면 내 가슴도 찢어지는 것만 같다. 지금도 저렇게 좋아하시는데 나중에 형님 가슴이 찢어지도록 모른 척할 수는 없었다. 그래서 이번에는 검증된 전문가로서 특별히 조언을 해드렸다.

"그런데 형님, 대추나무 가지가 비바람에 찢어질지도 모르니 미리 줄로 묶어주셔야 해요."

"그래, 알았어. 오늘 당장 가서 묶어줄게!"

이제야 내 말발이 먹히는 것 같다.

29

사과 전지
− 1만 시간의 법칙

며칠 전부터 사과나무 전지(나무 수형을 잡기 위해 가지를 잘라내는 일)를 시작했다. 사과 농사를 시작한 지 벌써 10년이 넘었으니 이제는 척척해내야 할 것 같은데, 아직까지도 전지를 시작할 때는 초보 때와 영 다를 바가 없다. 그렇다고 전지가 끝날 무렵에는 프로가 되어 있는 것도 아니다.

일 년 내내 전지를 하는 것도 아니고 이른 봄 한 철뿐이니, 해마다 전지를 시작하려면 마치 처음인 것처럼 낯설다. 그래서 내 나름대로는 전지가 시작되기 며칠 전부터 유튜브에 들어가서 전문가들이 전지하는 모습을 눈여겨본다. 그러면 머릿속에 어느 정도 전지법에 대한 그림이 되살아나고, 그 다음에 실전에 들어간다. 그런데도 막상 과수원에 나가서 엉클어진 머리카락처럼 얽혀 있는 가지들을 보면 어디서부터 손을 대야 할지 잘 모르겠다. 남들이 하는 것을 보면 쉬워 보이는데 막상 내가 하려면 어렵다.

전지는 너무 일찍 해서는 안 된다. 과수원 규모가 워낙 커서 전지하는데 시간이 오래 걸리는 특별한 경우를 제외하면, 가급적이면 늦은 봄에 시작하는 것이 좋다고 한다. 전지를 해준 뒤 늦추위가 오면 동해 피해를 입기 쉬우니까. 그래서 시간도 별로 걸리지 않는, 조그마한 과수원을 갖고 있는 나는 2월 하순이 되어서야 비로소 전지를 시작한다. 그래도 3월이 되기 전에 전지를 끝낼 수 있다.

첫날은 대강 잘라낼 큰 가지들을 머릿속에 그려보며 과수원을 두 바퀴나 돌았다. 그리고는 사과나무에는 손도 대지 못하고 애꿎은 복숭아와 자두나무만 전지를 했다. 대추나 포도는 1년생 가지에서 열매를 맺는다. 그래서 대강 큰 줄기만 남겨두고 나머지는 다 잘라내면 된다. 아주 쉽다. 2년생 가지에서 열리는 복숭아, 자두는 조금 어렵다. 그래도 눈에 보이는 가지에 꽃눈이 오니 매달릴 과일을 상상하며 적당히 간격을 두고 잘라내면 된다.

그런데 사과는 3년생 가지에서 열린다. 첫해에 가지가 나고, 2년째 꽃눈이 오고, 3년이 되어야 열매가 열린다. 그래서 길게는 3년 앞을 내다보며 전지를 해야 한다. 사과 전지가 어려운 이유다. 초창기에 열심히 전지를 배워 우리 집 사과나무 전지를 끝냈는데, 나중에 전문가가 와서 평가를 해주셨다.

"올해는 됐는데, 내년은 뭘 먹을라고?"

한동안은 한심한 내 실력에 자책도 했다. 10년도 넘었는데 아직 요 모양 요 꼴이라고! 그러다가 내가 아직까지 전문가가 되지 못한 것이 당연하다는 사실을 알게 되었다. 복잡한 업무를 탁월하게 수행하려면 충분히 연습을 해야 하는데, 인간의 두뇌가 숙달하는데 필요한 최소한의 시간이 있다고 한다.

신경과학자인 다니엘 레비틴^{Daniel Levitin}은 '어느 분야에서든 세계적 수준의 전문가가 되려면 바로 1만 시간의 연습이 필요하다'는 연구결과를 내놓았다. 그리고 어느 분야에서도 이보다 적은 시간을 연습해서 세계적인 수준의 전문가가 탄생한 경우를 발견하지 못했다고 한다.

1만 시간이라고 하면 하루에 3시간씩 10년간 연습해야 하는 시간이다. 그런데 내 경우는 과수원 규모가 작아서 사과나무 전지에 소요되는 시간이 연간 60시간 내외다. 지난 10년간 사과농사 지었다고 해도, 나무가 어렸을 때를 제외하면 실제로 지금까지 투자한 시간은 500시간 정도밖에 되지 않는다. 그렇다면 전문가가 되기 위해 필요한 연습을 20분의 1도 하지 않은 셈이니, 내가 아직도 전문가가 되지 못한 게 어찌 보면 당연한 일이다. 어쩌면 지금까지 혼자서 전지도 하고 이렇게 과수원을 꾸려 나가는 것이 오히려 더 기특하지 않은가?

내가 무능한 게 아니다. 다만 나에게 주어졌던 시간이 짧았을 뿐이다. 그런데 앞으로 내가 10년을 더 연습한다고 해도 1000시간 내외밖에 안 된다. 설사 늙어 죽을 때까지 앞으로 몇 십 년을 더 한다고 하더라도 전문가가 되기에는 턱없이 부족한 시간이다. 그 말은 내가 전지에 엄청난 재능을 보이지 않는 한 앞으로도 전문가가 될 수가 없고, 지금처럼 전지하러 갔다가는 손도 대지 못한 채 과수원을 뱅뱅 돌며 초보티를 내야 한다는 말이다.

　이번 생에서 전문가가 되기는 다 틀려버린 것 같다. 어차피 전문가가 된다는 건 가능성도 없는 일이니 공연히 스트레스 받지 말고 앞으로도 지금처럼 적당히 하며 살아가련다. 동기부여도 희망이 보일 때나 가능한 얘기다.

오이밭을 만들었다
– 화단 만들기

올해도 포도나무 2그루를 베어버렸다. 처음에는 포도나무를 8그루나 심었는데 해마다 조금씩 줄어들어 이제는 2그루만 남았다. 포도나무를 심던 초창기에는 수확량에 대한 개념도 없이 너무 욕심만 앞섰던 것 같다. 그것도 내가 제일 좋아하는 과일이 포도라는 이유 한 가지만으로! 그리고 이제야 제정신이 돌아왔나 보다.

포도나무를 베어낸 곳은 양옆 3미터 이내로는 아무것도 없는 명당자리다. 햇볕도 잘 들고(그래서 내가 좋아하는 포도를 특별히 이곳에 심었다), 키가 큰 식물을 심더라도 하루 종일 그늘이 지지 않는 곳이다. 포도나무를 베어낸 빈자리가 유난히도 허전한 것 같다. 이제 저 밭에는 무엇을 심지?

"올해 오이는 어디에 심을 거야?"

아내가 물어왔다. 맞다! 이곳에 오이밭을 만들어야겠다. 오이는 넝쿨을 타고 키가 크게 자라므로 아무 곳에나 심지 못한다. 특히 밭 가운데 심게 되면 그 주위의 작물들은 햇빛을 보지 못해 누렇게 뜬다. 그래서 밭 끝자락에 오이를 심곤 했지만, 연작 피해가 있으므로 계속 같은 자리에 심을 수도 없었다. 돌려짓기를 할 장소가 필요했다.

그런데 이 밭은 온통 잡초로 뒤덮인 풀밭이다. 나무를 심는 거라면 별 문제가 없겠지만 일년생 작물인 오이를 이런 풀밭에 심는다는 건 미친 짓이다. 앞으로 두고두고 그 많은 풀들을 어떻게 뽑아줄 건데? 또 한 가지 확실한 것은 이대로 오이를 심었다가는 수확은커녕 얼마 지나지 않아 풀에 치여 오이는 사라져 버릴 것이 뻔했다.

이곳에서 오이를 키울 수 있는 방법은 화단Raised-bed을 만들어 관리하는 방법밖에 없다. 하지만 화단을 만들 자재가 없다. 트럭이 없으니 시멘트 벽돌도, 방부목도 사올 수가 없다. 방부목 몇 장 사자고 비용을 들여 배달을 시킬 수도 없고, 그렇다고 매번 지인에게 트럭을 빌려 달라고 할 수도 없는 노릇이었다.

무슨 좋은 방법이 없을까? 주위를 두리번거리다가 데크 위에 놓여 있는 야외용 테이블을 보게 되었다. '저놈은 쓸모도 없이 자리만 차지하고 있다!' 이럴 때 내 눈에 띄면 무조건 끝장난다.

우리 집 야외용 테이블은 처음에는 근사했고, 또 사용도 많이 했었다. 그런데 어느 순간부터는 사용이 뜸해지더니만 최근에는 한 번도 사용한 적이 없다. 해마다 칠해줘야 하는 오일 스테인도 몇 해째 빼먹었더니 야외용 테이블도, 데크도 다 색이 바래버렸다.

전원주택을 지으면 누구나 구입하는 야외용 테이블이 생각만큼 실용성이 높은 물건은 아닌 것 같다. 시골 생활에 익숙해지면 익숙해질수록 야외용 테이블에 앉는 일은 점점 줄어드는 것 같다. 우아하게 데크에 앉아 커피 마신다고? 잠깐뿐이다. 한여름 고기 구워 먹을 때 쓴다고? 파리, 모기 몰려드는데? 아무튼 남들은 몰라도 난 더 이상 그런 짓을 하지 않는다.

야외용 테이블을 해체했다. 그까짓 것 필요하면 언제든지 다시 만들 수 있으니까. 그리고 해체한 테이블로 화단을 만들었다.

포도밭에는 토끼풀과 쑥이 엄청나게 퍼져 있다. 둘 다 뿌리가 질긴 생명력을 가진 놈들이다. 이 억센 잡초들과 경쟁을 하며 연약한 오이가 무럭무럭 자라줄 리가 없다. 그래서 힘들게 풀들을 다 뽑아냈다. 온 사방으로 뻗어나간 포도 뿌리도 잘라냈다. 커다란 포도나무 뿌리는 끝내 뽑아내지 못했다. 내 힘으로는 한계다. 그리고 화단을 만들었다.

이제 화단 밖에 나는 풀들은 예초기로 깎아주면 되고, 화단 안은 온전히 오이 몫이 되었다. 이곳에는 포도나무를 위해 설치했던 지지대도 있고, 철사줄도 있으니 오이망을 설치해주기도 쉽다. 더구나 관수시설도 있으니 물을 많이 줘야 하는 오이를 키우는 데는 안성맞춤이다.

4m 길이가 되는 이 밭을 만드는데 꼬박 하루가 걸렸다. 잡초

걷어내는데 시간이 제일 많이 걸렸고, 야외용 테이블 해체작업 시 녹이 슨 나사못을 풀어내는 데도 시간이 제법 걸렸다. 역시 농사일의 절반은 막노동이다. 농사일이 원래 막일이긴 하지만, 요즘은 특히 고난도 막일을 하고 있다는 기분이 든다. 그래도 키 큰 작물을 심어도 되는 밭이 하나 더 생겼으니, 그 정도면 만족한다.

31

나는 오늘도
'기적의 사과'를 꿈꾼다

올해 긴 장마로 사과 과수원이 망가졌다. 50일 넘게 계속 오는 비로 방제 시기를 딱 한 번 놓쳤는데 며칠 후에 보니 과수원 전체에 병반(갈반 병)이 나타났다. 아, 망했다!

역시 망가지는 건 한순간이다. 일단 잎에 병반이 나타나면 거의 끝났다고 봐야 한다. 뒤늦게 아무리 방제를 해봤자 치료는 힘들고, 더 이상 병이 퍼지지 않도록 막아주는 것뿐이다. 비가 오다 잠깐 햇빛이 비쳤을 때 습기로 숨이 콱콱 막히더라도 그때를 놓치지 말고 방제를 했어야 했다. 물론 지나고 보니 그렇다는 말이다.

다른 과일도 마찬가지이지만 특히 사과는 농약을 뿌리지 않고서는 상품성 있는(좀 적나라하게 표현하자면 '팔아먹을 수 있는') 과일을 만들어내기가 힘들다. '옛날에는 농약 없이도 사과를 잘만 키웠다'라는 분도 계실지 모르겠다. 맞는 말씀이다. 하지만 지금의 사과는 이름만 같은 사과지 품종개량으로 옛날과는 전혀 다른 과일이 되었다. 또 소비자의 눈높이 역시 예전과는 비교할 바가 아니다.

이따금 우리 집 사과를 구입하는 분들이 무농약 재배인지를 묻는다. 물론 아니다. 자연농업 자재를 사용하면 농약을 뿌리는 횟수를 줄일 수는 있지만(저농약 재배), 무농약 재배로는 시장에서 볼 수 있는 탐스러운 사과를 만들어낼 재간이 없다. 더구나 올해처럼 장마가 긴 해에는 아마도 살아남은 농가가 거의 없을 것 같다.

오래 전에 '기적의 사과'라고 일본에서 농약도, 비료도 전혀 주지도 않고 재배한 사과가 맛도 좋고 썩지도 않는다고 한동안 떠들썩한 적이 있었다.

책으로도 나오고, 영화로도 나왔다. '기무라 아키노리'란 농부의 이야기인데, 그는 생명농업의 창시자인 '후쿠오카 마사노부'의 〈자연농업〉이란 책을 읽고 무비료, 무농약 사과재배에 도전했다고 한다. 그 기적의 사과는 가격도 엄청나게 비쌌지만 예약도 순식간에 끝나 구하기도 어렵다고 한다.

그 이야기는 당시 초짜 농부였던 나에게 상당히 충격적으로 다가왔다. 농약도 안 주고, 비료도 안 주는데 기적의 사과가 된다고? 뭔가 조금은 찜찜하긴 했지만 나라고 못하리란 법은 없으니 시도해보기로 했다. 원래 무식하면 용감한 법이니까.

결론부터 말하자면, 제대로 알지도 못하면서 남의 말만 듣고 따라 하다가는 망하기 십상이다. 나에게 코치를 해준다며 모범을 보였던 한 형님의 과수원은 거의 망가졌고, 간이 콩알만 한 나는 중간에 포기해서 겨우 살아남았다.

내가 자연농업에 대하여 알게 된 것은 자연농업 교육을 받아보라는 한 지인의 권유 때문이었다. 당시 초짜 농사꾼이었던 나는 무슨 교육이든 필요했다. 농사 경력이 10여 년이 된(정확히 따져보니 어느새 14년이 되었다) 지금에 와서야 책에 쓰인 말 한마디 한마디가 실제로는 얼마나 구현하기 어려운 것인지를 안다.

자연농업에서 제일 중요시하는 것은 바로 토양 만들기이다.

'다른 밭의 사과나무 뿌리는 대개 몇 미터 정도 뻗어 있다. 그러나 그의 밭의 사과나무는 뿌리를 20미터씩 뻗고 있다' ─ 사과나무 뿌리를 20미터씩 키운다는 건 엄청난 노력과 기술이 필요하다. 땅에 거름이 많으면 뿌리가 길게 뻗지 않는다. 웬만한 밭에서는 나무를 심고 첫해에는 거름을 주지 않는 이유다. 풀도 일 년에 한 번만 깎아 밭에 깔아준다. 어깨까지 자란 풀들 때문에 움직이기도 힘들다. 처음에는 온갖 벌레가 다 모여든다. 당연히 사과가 제대로 열리지도 않고, 또 열린다고 해도 남는 것은 벌레 먹은 반쪽짜리 사과들뿐이다.

'병이 만연하고 해충이 급격히 발생했다. 농약을 쓰지 않는 한, 그 앞에 기다리는 것은 사과밭을 포기해야 한다는 결론뿐이었다' ─ 다른 대안이 없다. 손으로 직접 벌레를 잡아주고 병이 퍼지지 않도록 온갖 방법을 다 써야 한다. 이 힘든 시기가 지나야 비로소 벌레도 풀도 나무도 서로 균형을 이루어간다. 말이 쉽지 언제 이 시점이 올지 예측할 수도 없다. 끊임없이 의문이 생긴다. 정말 그런 시점이 오긴 오는 건가?

'이미 사과가 열리던 나무를 무비료, 무농약으로 바꾸고 나서 9년 만에 꽃이 피었다' – 이미 사과가 열리던 나무라면 적어도 5년 이상 되었다는 얘기다. 그 정도면 뿌리가 어느 정도 뻗어 있는 상태다. 그런데도 나무가 9년이나 몸살을 앓았다고 했다. 그런데 나는 뿌리도 짧은 유목을 거름기도 거의 없는 땅에 심어놓고 저절로 기적의 사과가 열리기만을 기다리고 있었으니 다시 생각해봐도 부끄럽고 기가 막힌 일이다.

'말라죽지는 말라며 부탁하고 돌아다녔다. 애원에도 불구하고 말라죽은 사과나무는 적지 않다. 밭 여기저기에 메마른 사과나무가 서 있다' – 나무 한 그루 한 그루에 얼마나 큰 애정을 갖고 보살펴주었는지를 느낄 수 있는 대목이다. '식물에게 사랑한다는 말을 해주면 더 잘 자란다'는 얘기도 있지만, 난 열 번 사랑한다는 말보다는 물 한 번 주는 게 더 효과적이라고 믿는 현실주의자다. 그래서 나는 그 말을 이렇게 해석한다. 이미 그가 할 수 있는 모든 조치를 다 했을 터이고, 더 이상 할 수 있는 것이 아무것도 없었기에 마지막으로 나무에게 죽지 말라고 부탁하고 다녔을 것이다. 그런데도 불구하고 현실에서는 적지 않은 나무가 말라죽었다.

끝으로, 저자는 기적의 사과를 '별로 크지도 않고, 형태는 살짝 일그러져 있고, 작은 상처도 있다'라고 묘사하고 있다. 그 '기적의 사과'라는 것은 현재 우리가 구입하는 '크고 색깔 좋고 흠집 하나 없는' 그런 사과를 생각하면 안 된다. 자연에서 스스로 병충해와 싸워 이겨낸 사과라면 결코 그런 크고 매끈한 사과가 될 수 없다. 병균의 침입을 막으려면 껍질도 두꺼워져야 하고, 벌레에게 입은 상처도 있게 마련이다.

앞으로도 내 농사 기술로는 기적의 사과를 만들 수는 없을 것 같다. 그나마 다행이라면 자연농업에 대하여 일찍이 배울 기회가 있었고, 또 그동안 부분적으로나마 흉내를 낼 수 있었다는 점이다. 지난 10여 년 동안 땅을 만들고 풀을 키우면서 과수원의 흙도 엄청 좋아졌고, 언젠가부터 과일의 맛도 바뀌었다.

그러나 이 방법에도 분명히 한계가 있다. 특히 올해 같은 긴 장마라면 속수무책이다. 내년이라고 날씨가 좋아지리란 법이 없으니 더욱 긴장할 수밖에 없다. 그러니 내년에도 또 망치지 않으려면 비가 그치고 잠깐 햇빛이 날 때면 무조건 방제를 하려 달려들어야 할지도 모른다. 나에게는 9년을 망쳐도 기다려줄 수 있는 여유가 없다.

하지만 내 마음 한구석에는 아직 가지 못한 길에 대한 아쉬움도 있다. 자연농업이란 어쩌면 나에게는 쉽게 다가갈 수 없는 영원한 과제인지도 모른다. 언젠가는 농약과 비료를 전혀 주지 않고도 스스로가 균형을 이루어 건강한 먹거리를 만들어낼 수 있는 때가 나에게도 올 수 있으면 좋겠다. 나는 오늘도 기적의 사과를 꿈꾼다.

32

우리 집 복숭아나무
– 거반도, 서왕모

처음 농사를 시작했을 때, 우리 식구 먹을 복숭아나무 두 그루를 심었다. 그 당시 복숭아 품종에 대해서는 전혀 아는 바가 없었으니 내가 할 수 있는 거라고는 종묘사에서 보내온 책자를 열심히 읽고 결정해야만 했다. 그래서 선택한 복숭아가 바로 '거반도'와 '서왕모'라는 품종이었다. 이론상으로는 당시 최고의 품종이었다.

'거반도'는 손오공이 천국에서 훔쳐 먹고 불로장생이 되었다는 바로 그 복숭아다(원산지도 중국이다). 모양이 꼭 도넛처럼 생겼고, 맛도 복숭아와 멜론을 섞어 놓은 것처럼 묘한 맛이 났다. 주위 사람들은 맛보다는 복숭아 모양이 넓적하다는 것에 더 흥미로워했다.

그런데 복숭아가 넓적하니 봉투를 씌우기도 힘들었고, 또 가운데 부위가 쉽게 썩어 대부분 저절로 떨어졌다. 해마다 나무 한 그루에서 150개 이상이 열렸는데, 나중에 수확한 것을 보면 그나마 멀쩡한 것은 몇 개 되지도 않았다.

가뜩이나 병에 취약한 것 같은데 우리 집에서는 복숭아용 농약은 한 번도 구입해본 적이 없다. 복숭아나무 두 그루를 방제하자고 농약을 따로 구입할 수도 없으니 무조건 사과나무 방제하고 남은 농약을 뿌려주었다.

자신이 찬밥 신세라는 것을 아는지, 복숭아 거반도는 한 번도 제대로 열려준 적도 없었다. 병들고 벌레 먹은 복숭아를 끌어안고 있으려면 속만 쓰리다. 더구나 그런 복숭아를 남에게 주었다가는 주고도 욕먹는다. 그래서 몇 해를 두고 고민하다가 결국 나무를 베어버렸다.

다른 복숭아 한 그루는 서왕모라고, 지인으로부터 '천상의 맛'이란 찬사를 들은 복숭아다. 크기도 엄청나게 크지만 맛도 좋아서 일본에서 선풍적인 인기를 끄는 품종이라고 한다. 만생종으로 9월 중순 이후에 수확을 시작할 수 있다. 그런데 어째 이 복숭아도 해마다 별 이유도 없이 낙과가 많았다. 작년에는 '꼭지 썩음병'이 돌아 낙과가 많았다고 하지만, 올해는 꼭지도 멀쩡하고 태풍도 조용히 지나갔는데도 무수히 많은 복숭아가 떨어졌다. 그래서 또 고민했다. 앞으로도 이런 복숭아에 목을 매고 살아야 하나?

(중요한 Tip: 아마추어는 조생종을 심어 병 오기 전에 빨리 따 먹고 끝내는 게 낫다. 만생종은 맛은 좋지만 이렇게 재배하기가 어렵다)

성당에서 복숭아 농사를 전문으로 하시는 분을 만나서 우리 집 복숭아 이야기를 했다. 첫 말씀이 내가 키우고 있는 복숭아 두 품종은 모두 병도 많고 자연 낙과율도 높은, 그래서 전문가들도 재배하기에 어려운 품종이라고 한다.

그 분들도 처음에는 거반도를 제대로 수확하지 못했는데, 이제야 요령이 생겨 어느 정도 수확할 수 있다고 하신다. 천기를 누설하자면, 거반도는 약간 붉은색이 들면 미리 따서 저온저장고에서 숙성시킨다고 한다.

서왕모는 알이 굵고 맛도 좋지만, 워낙 복숭아가 크다 보니 제무게를 이겨내지 못해 자연 낙과율이 50%는 된다고 한다. 그래서 농가에서 기피 목록 1위 품종이란다. 어째 이유도 없이 잘 떨어지더라 했다.

"품종을 골라도 참 잘도 골랐다!"

옆에서 듣고 있던 아내가 한 마디 했다.

그런데 요즘 거반도 인기가 엄청나게 높다고 한다. 방송국에서도 구입해 갔다고 한다. 거반도는 '납작 복숭아'라고도 알려졌는데, 가격도 크기와 색상을 무시하고 무조건 3kg 한 박스에 3만원씩 팔린다고 한다. 그런데도 복숭아가 없어서 못 판다고 하신다.

내가 시대를 너무 앞서갔나 보다. 내가 거반도를 심은 해가 2007년이니 13년 전 일이고, 베어낸 지도 이미 5년이 넘었으니까. 그러니까 나는 까마득한 옛날에 시작했고, 유행이 시작되기도 전에 제풀에 지쳐 나무를 베어버린 셈이다. 그래서 유실수는 먼저 전문가에게 품종을 물어보고 심는 것이 좋다. 나무라고 다 똑같은 게 아니다. 더구나 종묘사에서 보내온 소개용 책자에는 온갖 좋은 이야기는 다 쓰여 있지만 정작 불리한 이야기는 한 마디도 없다.

끝으로 전문가의 마지막 조언은, 서왕모도 열 받는다고 베어버리지는 말라고 하신다. 그것도 언젠가는 뜨는 날이 올지도 모르니까. 앞으로도 계속 서왕모에 목을 매고 살아야겠다.

그런데 잘 익은 서왕모의 맛은, 정말로 천상의 맛이다. 양이 얼마 안 되어서 그렇지!

33
우리 집에는
북방형 아몬드 나무가 있다

인터넷 검색을 하다가 '북방형 아몬드 나무'라는 것을 발견했다. 사진도 있었는데 우리에게 익숙한 아몬드 열매다. '내한성이 강해 영하 20℃의 노지에서도 생육이 가능하며….' 아몬드는 따뜻한 지역에서만 재배하는 것으로 알고 있었는데 품종을 개량했나? 아무튼 나에게도 기회가 왔다.

"우리 아몬드 나무 한 그루 심을까?"

"아몬드? 좋지!"

아내가 반색을 하며 좋아한다. 아내는 맥주 안주라면 뭐든지 다 좋아한다. 특히 견과류라면. 예전에 비싼 국산 호두 가격에 놀라 과수원 한 구석에 호두나무를 심었다. 왜 우리 집 가훈도 있지 않은가! '비싸서 사 먹지 못하면 키워서 먹자고!' 그런데 호두나무가 탄저균의 숙주란다. 사과 과수원 근처에는 절대로 심어선 안되는 게 바로 호두나무라고 한다. 눈물을 머금고 '대'를 위해 '소'

를 희생시켜야 했다.

그리고 긴 시간이 지나고, 이제야 추위에도 강한 아몬드가 호두 대신 나타난 것이다. 우리 집 거실 창문에서 내다보이는 명당자리, 바로 앞뜰에다 아몬드 나무를 심었다. 고흐의 '꽃 피는 아몬드 나무'란 그림처럼 우리 집 아몬드 나무에서는 예쁜 꽃이 활짝 피고, 아몬드 열매가 주렁주렁 매달릴 것이다. 이제 조금만 기다리면 된다(물론 몇 년이긴 하지만). 그러면 앞으로는 비싼 아몬드 가격에 놀랄 필요도 없고, 집에서 키운 국산 아몬드 열매를 마음껏 먹을 수도 있을 것이다.

공을 들여서인지 나무는 잘 자라주었다. 북방형 아몬드답게 추운 겨울도 잘 이겨냈다. 이제 미리미리 아몬드 나무 전지법도 배워두어야겠다. 인터넷 검색을 했다. 요즘은 인터넷에서 필요한 정보는 거의 다 얻을 수 있다. 그런데 뭔가가 잘못됐다. '북방형 아몬드 나무'가 추위에 강한 아몬드가 아니라 '백 살구'라고 불평하는 글을 보았다. 당황해서 원예 종묘사 홈페이지에 들어가 내가 구입한 '북방형 아몬드 나무'를 찾아봤다.

북방형 아몬드 나무 사진 한쪽 구석에는 보험계약서 약관처럼 작은 글씨로 분명히 쓰여 있다. '백 살구. 북방형 아몬드라고도 불린다.' 나이 먹으면 보고 싶은 것만 보나 보다. 기가 막히기도 했지만, 그래도 그동안 키운 정이 있어 내버려두기로 했다. 뭐, 백 살구라도 먹으면 되지!

몇 년이 지나 살구꽃이 피었을 때만 해도 꿈에 부풀었다. 그 이름도 유명한 '회령 백 살구!'(또는 북방형 아몬드라고도 함). 북한 함경도 회령 지방에 많이 분포한다고 하며, 북한에서 천연기념물로 지정하여 관리한다는 품종이다. 꿩 대신 닭이라고, 비록 아몬드 먹기는 틀렸지만 그래도 유명한 회령 백 살구를 먹게 되었으니 썩 잘못되었다는 생각은 들지 않았다. 그래서 은근히 기대도 했고, 올해는 살구 맛을 볼 수 있을 거라고 식구들에게 큰소리도 쳤었다.

겨울의 모진 추위도 이겨내고 살구나무에 꽃이 피었을 때, 이젠 다 되었다 싶었다. 그런데 입이 방정이라고 비 한 번 오고 기온이 조금 내려갔다고, 함경도 지방에서도 잘 자란다는 회령 백 살구꽃이 거의 다 떨어져 버렸다. 도대체 우리 집이 함경도 지방보다 더 추울 리가 없는데, 왜 매번 이 모양인지 모르겠다. 만약 다시 이사 갈 기회가 온다면 무조건 날씨 따뜻한 곳으로 가련다.

그래도 살구 몇 알이 맺혀 맛이라도 볼 수 있으려나 했는데, 며칠 후에 다시 보았더니 남은 열매가 하나도 없었다. 그나마 남아 있던 살구 몇 알마저도 그새 다 떨어져 버린 모양이었다. 이토록 나뭇잎은 짙은 녹색으로 빛나고 싱싱해 보이는데 정작 열매는 하나도 없다. 우리 집 살구나무는 유실수가 아니고 관상수다!

문득 8년 동안이나 키웠다가 결국 베어버려야 했던 매실나무가 떠올랐다. 매실나무도 모진 겨울을 잘 버텨내고 꽃까지 피웠지만 결국 다 떨어졌고, 해마다 큼직한 매실나무 네 그루에서 매실 몇 알씩만 우리 식구에게 선물하곤 했다. 그렇게 매실나무는 8년 동안이나 존재의 이유도 모르고 살다가, 어느 날 열 받은 주인에 의해 한순간에 잘려나갔다.

살구나무가 아직 어려서 그럴 것이다. 좀 더 나무가 커지면 추위에도 강해져 살구가 많이 열리겠지. 조금만 더 기다리면 맛있는 살구를 많이 먹을 수 있으리란 희망을 놓지 않으려 한다. 그런데 왜 자꾸 은근히 불길한 예감이 드는 걸까?

34

아로니아 와인
맛이 어때요?

작년 가을에 수확한 아로니아를 쌓아놓고 고민을 했다. 저 많은 아로니아로 무엇을 하지? 공급 과잉이라는 아로니아 나무를 작년에 일부 뽑아버렸지만, 그래도 남아있는 나무에서 수확한 양이 제법 되었다.

그때 문득 떠오른 아이디어가 바로 '아로니아 식초 만들기'였다. 식초라면 오래 숙성이 될수록 더 맛이 깊어지는 법이니(가격도 덩달아 비싸지고), 일단 아로니아 식초를 만들어놓기만 하면 판로를 고민할 필요도 없을 것 같았다. 그래서 큼직한 통을 8개나 구입했고, 정성을 들여 아로니아 와인을 담갔다.

식초를 만드는 과정은 먼저 으깬 아로니아로 와인을 만들고(알코올 발효), 만들어진 와인을 다시 식초로 변환시켜야 한다(초산 발효). 아로니아는 발효가 잘 일어나지 않는다고 하므로 이번에는 특별히 와인 제조용 효모도 구입하여 넣어주었다. 그런데 남들은 와인을 담근 지 2주만 지나면 알코올 발효가 일어나 술 냄새가 난다고 하던데, 내가 만든 와인 대부분에서는 시간이 지나도 술 냄새가 나지 않았다.

이때만 해도 와인 제조는 실패했는 줄 알았다. 그래서 효모균을 더 넣어주고, 좀 더 기다려 보기로 했다. 만들어 놓은 양도 많았으니 그냥 버리기에는 너무 아까웠다.

시간이 약이라고 2주가 아닌 3개월이 지나자 술 냄새가 솔솔 나기 시작했다. 나중에 생각해보니 환경(특히 온도)에 따라 알코올 발효가 일어나는 시간에 큰 차이가 있는 것 같다. 하지만 3개월이 지난 그때에도 아로니아 와인은 무늬만 술인 것 같았고, 별 맛도 없었다. 남들은 와인 제조까지는 쉽다고 하던데, 나는 첫 단계에서부터 삐꺽거렸으니 그 어렵다는 두 번째 단계(식초 제조)로는 아예 넘어가보지도 못했다. 그렇게 작년에 만든 아로니아 와인은 저장고에 남겨진 채 내 기억 속에서 사라져 갔다.

얼마 전 손님이 찾아오셨고, 대화를 나누던 중에 아로니아 와인 이야기가 나왔다. 문득 작년에 담근 아로니아 와인 생각이 났다. 그래서 와인 맛이 어떨지 평가를 받아보기로 했다. 한평생 술독에 빠져 사셨고(현재도 진행 중임), 술이라면 지금도 한가락 하신다는 분의 평은 '단맛도 전혀 없고, 깔끔하고, 약간 드라이한 게 고급 와인 마시는 느낌'이라고 하신다. 와인 맛을 잘 모르는 나는 그냥 '고급 와인 맛'이라는 좋은 평만 받아들이기로 했다.

그런데 문제는 밥보다 술을 더 좋아하시는 분의 평가니 곧이곧 대로 받아들일 수는 없었다. 그래서 그 이후에도 세 차례나 다른 애주가분들께 시음을 부탁드렸는데 다들 평가가 상당히 호의적이 었다. "와인 만들어서 팔아도 될 것 같다"라고까지 해주시니 단순히 와인 얻어먹겠다고 하시는 말씀만은 아닌 것 같다. 사람이란게 참 간사한 것이 남들이 그렇게 말을 해주니 와인 맛을 모르는 내가 맛을 봐도 정말 괜찮은 와인처럼 느껴졌다.

요즘에는 무슨 결정을 하려면 아내와 수차례 대화를 하며 절충안을 찾는다. 예전 같으면 내 마음대로 결정을 하곤 했는데 이제는 어림도 없는 일이다. 올해도 수확한 아로니아가 아직도 저온 저장고에 남아있는데, 그 아로니아로 무엇을 할까 고민을 해왔다. 이번에 아로니아 와인의 시음 평가를 들은 후인지라 근래에 보기 드물게 아내와 단 한 번에 의견 일치를 봤다.

"남은 아로니아 몽땅 다 와인이나 담그자!"

"좋지!"

아무래도 사과 과수원은 접고, 아로니아 와인이나 만들어야 할까 보다.

35

아로니아 나무를
뽑아버리기로 했다

우리 집 아로니아 나무를 뽑아버리기로 했다. 주위 분들과 나누어 먹을 아로니아 나무를 조금만 남겨놓고, 나머지는 전부 뽑아버리기로 했다. 그런데 한창 수확할 수 있는 왕성한 아로니아 나무를 뽑아버리자니 속이 좀 쓰리기도 하다.

내가 아로니아를 처음 심은 9년 전은, 아로니아가 매스컴을 타기도 훨씬 전이었다. 언젠가부터 아로니아가 몸에 좋다고 방송을 타더니만, 전국 곳곳에 집단으로 아로니아를 심는다는 소리가 들리기 시작했다. 가까운 충북 단양군에서는 아로니아 묘목을 심으라고 지원금도 주고, 또 재배만 하면 알아서 수매도 해준다고 했다.

아로니아는 생과로 즐겨먹을 수 있는 과일이 아니다. 그런데 그렇게 대규모로 무작정 심기만 하면 나중에 어떻게 처리하려고? 은근히 걱정이 되기도 했다. 하지만 단양군에서는 아로니아 가공 공장까지도 짓는다고 하니, 이번에는 정부에서도 준비를 단단히 하는 것 같았다. 그곳 주민들이 조금은 부럽기도 했다.

그런데 아니나 다를까? 잘 나가는 것 같더니만 3~4년도 못 가서 아로니아 농사는 끝장이 났다. 가격도 폭락하고, 정부 수매도 출하량의 10%만 해준다고 하니(그것도 단양군에서만) 농가들 입장에서는 정말 환장할 노릇이다. 아로니아를 심고 나서 잘해야 1~2번 수확했을 터인데, 이제 각자 알아서 판로를 개척해야 한다.

엎친 데 덮친 격이라고 이번에는 발 빠른 수입업자들이 나섰다. 홈 쇼핑에서 판매하는 아로니아는 거의 다 수입품이다. 하지만 소규모 아로니아 농가에서는 그들처럼 가격 경쟁력도 있고 번듯한 상품을 만들어낼 재간이 없다.

농산물은 재배보다 어려운 것이 판로다. 그래서 팔 자신이 없으면 무턱대고 재배해서는 안 된다. 아니면 원가 이하로라도 팔든가. 아니, 요즘에는 원가 이하로도 팔 곳이 없다. 어쩌면 처음부터 경쟁력이 없었는지도 모르겠다. 폴란드, 러시아에서는 수백만 평의 기계화된 대규모 단지에서 아로니아를 재배하니 가격이 국산 아로니아의 10분의 1 수준이라고 한다. 사람 손으로 수확을 하는 우리는 경쟁 자체가 되지 않는다.

아무래도 아로니아를 뽑아버려야겠다. 이럴 때는 차라리 빠른 결단과 실행이 약이다. 더구나 이 사태는 올해 한 해의 문제가 아니고 앞으로는 더욱 심각해질 터이니, 차라리 빨리 털어버리고 마음 편하게 사는 게 더 낫다.

무슨 일이든 결심을 하고 나서 실행에 옮기는 데는 나 따라올 사람이 없다. 마음먹기까지가 어렵지, 결심을 하고 나면 곧바로 실행에 옮겨버린다. 그리고는 아예 뒤돌아갈 다리를 불태워 버린다. 담배도 단번에 끊었다. 어떻게 보면 결단성도 있어 보이지만 그렇게 살아오면서 후회도 많이 하고, 마음의 상처도 많이 입었다. 특히 인간관계에 있어서는.

이제야 적당히 어우러져 살려고 노력하고 있다. 나이 들어서야 철들어가나 보다. 이젠 무슨 일이든 꼭 매듭을 지을 필요도 없고, 그저 시간에 맡기고 기다리려 한다. 설사 결말을 보지 못하면 어때라. 단지 오늘 하루하루가 소중한 것일 뿐인데.

그런데 결심을 굳게 했다고 하더라도 현실에서는 아로니아를 뽑아버린다는 것이 보통 일이 아니었다. 굴착기 없이 사람 손으로는 도저히 할 수 없는 일이다. 더구나 텃밭으로 들어가는 입구가 좁아 일반 굴착기는 들어갈 수 없다는 문제점도 있었다.

비용도 비용이지만 아마도 울타리까지도 뜯어내야 할 것 같았다. '정말 그렇게까지 하며 아로니아를 뽑아내야 할까? 차라리 내버려두고 남는 아로니아는 식초를 담그면 되지 않을까?' 하는 생각마저도 들었었다. 마음이 복잡했다.

넋두리 비슷하게 한 형님에게 아로니아 이야기를 했는데 갑자기 "뽑아버릴 생각이면 이번 주 시간될 때 내가 뽑아줄게!" 하신다. 그 형님은 아주 작은 굴착기를 갖고 계신다. 그 작은 굴착기라면 울타리를 뜯어내지 않고도 아로니아 밭에 들어갈 수 있을지도 모른다. 그래서 엉겁결에 "예"라고 대답을 했다.

정확히 이틀 뒤, 그 형님이 트럭에 작은 굴착기를 싣고 아침 일찍 나타나셨다. 그렇게 빨리 오실 줄은 정말로 몰랐다. 이제 갈 길은 정해졌다.

작아도 역시 굴착기다. 삽으로는 30분이 걸려도 나무 한 그루를 캐기가 힘든데, 굴착기로는 푹푹 퍼낸다. 두 시간도 채 걸리지 않아 아로니아가 다 없어졌다. 역시 키우기는 힘들어도 없애기는 쉬운 것 같다. 그런데 나무를 뽑는 것도 힘들지만, 뽑아낸 나무를 처리하는 것도 고민이었다.

"내가 아래 밭까지는 끌어다줄 테니 당신이 잡목 있는 곳에 던져버리면 되지!"

아내가 하도 쉽게 말을 해서 하마터면 믿을 뻔했다. 나중에 굴착기로 뽑아놓은 아로니아를 옮길 때, 내 힘으로도 옮기기가 힘들다는 것을 알았다. 아내가 말은 예쁘게 잘한다. 나중에 실행에 옮기지는 못할지언정.

그런데 그 형님이 뽑아놓은 아로니아를 가져갈 사람도 이미 수소문해 놓으셨단다. 역시 전문가와 아마추어의 차이다. 또는 토박이와 외지인의 차이다. 토박이가 아니면 나처럼 인간관계라도 잘 유지해야 한다. 그래야 필요할 때 도움이라도 받는다.

"아로니아가 과잉공급이라 뽑아버리는 건데, 지금 심어도 괜찮으시겠어요?"

나무를 주는 내가 오히려 미안해서 물었다. 그 분은 판로가 있다고 하신다. 그냥 뽑아버리기에는 아까웠는데 필요로 하는 사람이 있다니 다행이다. 올해도 한 그루에 5kg 넘게 아로니아 열매를 달아주었던 충실한 나무들이었는데, 그래도 다른 곳에서나마 생명을 이어갈 수 있다니 조금은 덜 미안하다.

굴착기가 훑고 지나간 텅 빈 밭이 더 넓어 보인다. 이제 남은 일은 손으로 해야 한다. 며칠 동안 밭에서 씨름을 했다. 삽으로 남아있는 아로니아 뿌리를 일일이 캐내고 쇠스랑으로 땅을 평평하게 골라냈다. 그 정도쯤은 어렵지 않게 해낼 수가 있다. 나도 이제 삽과 쇠스랑 쓰는 데는 이력이 났다.

앞으로 이 밭을 어떻게 사용을 하지? 한 쪽에는 내가 갖고 싶어 하던 비닐하우스를 지으면 어떨까? 앞으로는 텃밭 면적이 넓어졌으니 예전처럼 안달을 떨지 않아도 될 것 같다. 그러나 좀 더 생각해봐야겠다. 무엇을 심든 그리 만만한 게 없으니 급하게 결정을 내릴 필요는 없다. 더구나 앞으로 또다시 뽑아버리지 않으려면.

36

창고가 되어버린
비닐하우스

농사짓는 사람에게 꼭 필요한 것 중의 하나가 바로 비닐하우스이다. 비닐하우스는 이른 봄에 모종을 만들 때에도 필요하고, 여름에 고추를 말릴 때에도 필요하다. 늦가을까지 토마토를 수확할 수도 있으며, 초겨울에 비닐하우스 안에 시금치를 심어 겨우내 뜯어먹을 수도 있다. 이렇게 다양한 목적으로 사용할 수 있는 공간이니 집 짓고 나서 맨 처음 만든 것이 바로 비닐하우스였다. 아니, 정확하게 표현하면 '비닐 온실'을 만들었다.

보통 비닐하우스를 만든다고 하면 쇠파이프를 휘어서 활대를 만들고 비닐을 씌우는 방법을 사용한다. 요즘 스마트 팜이 유행하면서 고층 건물처럼 H빔을 세우고 유리를 끼워 놓은 유리 온실도 있지만, 설치비용이 만만치 않으므로 텃밭 농사를 짓는 사람들에게는 선택하기 어려운 방법이다.

내가 만든 비닐 온실은, 인터넷을 검색해서 미국 '온실

Greenhouse' 도면을 구해 만들었다. 이 온실의 위쪽에는 창문이 있는데, 여름철 위로 올라간 뜨거운 공기가 빠져나갈 수 있도록 만든 과학적인 구조이다.

원래 도면이 올라와 있던 사이트에는 홍보용 사진도 함께 있었는데, 그 온실에는 하우스용 비닐을 씌운 것이 아니라 유리나 폴리카보네이트PC와 같은 자재를 사용한 것 같다. 왜냐하면 밖에서도 온실 안이 투명하게 보였으니까. 그리고 그 온실 안에는 작은 테이블에 한 예쁜 여인이 우아하게 앉아 있었다.

난 튼튼한 것이 좋다. 그래서 내가 만든 것들은(특히 예전에 만든 것들은) 다 튼튼하다. 비닐하우스 역시 집 짓는 법 배운 지 얼마 되지도 않았던 시절에 만들었으니 그 당시는 융통성도 없이 책에서 시키는 대로만 따라서 했다.

이 온실이 그냥 흙 위에 세워진 것처럼 보일지 몰라도, 실제로는 땅에 시멘트 기둥을 박고서 그 위에 설치한 구조물이다. 그래서 그동안 태풍이 오고 비바람이 몰아쳤어도 지금까지 끄떡없다. 혹시 쇠파이프로 만든 비닐하우스보다 나무로 만들었으니 더 약할 것 같다고 하실 지도 모르겠다. 하지만 나무도 나무 나름이라고, 두꺼운 나무로 만들었으니 웬만한 하우스용 쇠파이프보다도 더 튼튼하다.

보통 농사용으로 많이 사용하는, 주위에서 흔히 볼 수 있는 반원형으로 된 비닐하우스는 구조적으로 약한 것 같다. 그래서 이따금 눈이 많이 오면 무너지기도 하고, 강풍이 불면 날아가 버리기도 한다. 특히 태풍이 오거나 폭설이라도 내린 해에는 종종 TV에 비닐하우스가 무너진 모습이 나오기도 한다.

비닐하우스는 내부의 습기를 감안하여 방부목으로 만들었다. 방부목으로 만들었어도 혹시 썩지는 않을까 걱정도 했는데, 14년이 지난 지금까지도 생생하다. 처음에 비닐하우스 만들면서 얼마나 신경을 많이 썼는가 하면, 온실 주변에 유공 관까지 묻어줘 비가 많이 오더라도 온실 안으로는 물이 스며들지 않도록 만들었다. 초보였을 때라 집 짓는 흉내를 너무 많이 냈던 것 같다.

우리 집 비닐하우스는 원래의 취지에 맞게 채소를 재배하고 고추도 말리며 한동안 잘 사용했다. 그런데 시골 살림살이가 점점 늘어나며 창고가 부족해졌다. 시골에서는 버릴 물건이 하나도 없고, 또 수확한 사과를 포장해서 보내려면 온갖 종류의 자재들도 골고루 갖추고 있어야 한다. 그러니 해가 지날수록 집 밖 살림살이들이 점점 늘어만 갔다. 이젠 창고 지을 장소도 마땅치가 않았고, 아내는 더 이상 아무것도 만들지 말라고 한다. 어차피 만들어봤자 금방 채워질 테니까. 그래서 부득이하게 비닐하우스를 농기구와 농자재 넣어두는 창고로 용도변경을 해야 했다.

그런데 온실 안에 햇볕이 비치니 안에 넣어둔 수많은 플라스틱 물건들이 삭아버리기 시작했다. 가만히 보면 요즘은 거의 모든 물건들을 플라스틱으로 만드는 것 같다. 시골의 햇볕은 무섭다. 시골에서 흔히 볼 수 있는 검은 고무통을 빼고는 거의 모든 물건들이 햇볕 아래에서는 삭아버리는 것 같다. 뜨거운 햇볕 아래서는 심지어 하우스 비닐조차 2~3년을 버티지 못한다. 그래서 비닐하우스에 햇볕을 차단하도록 검은 차광막을 씌워야만 했다. 그 멋있었던 온실은, 지금은 검은 차광막을 뒤집어쓴 고물 창고로 변해버렸다. 아무리 좋은 물건이라도 쓰기 나름인 모양이다.

십여 년의 시간이 지난 지금, 우리 집은 비닐하우스를 하나 더 만들었다. 이번에는 포도나무도 심고, 채소 농사도 지을 수 있을 만큼 큼직한 비닐하우스다(커봤자 폭 4.6m에 길이가 9m밖에 안되지만). 이번에도 어쩔 수 없이 하우스용 비닐을 씌우기는 했지만, 그래도 기본 틀은 예전처럼 방부목을 사용해 만들었다. 나중에 이 비닐하우스를 만드는 공정을 보여드릴 수 있을지 모르겠다. 집 짓는 과정과 비슷하므로 공정을 간단하게 설명할 수 있는 게 아니라서 아쉽다.

처음 만들었던 비닐하우스는 아직도 창고로 사용하고 있다. 언젠가는 이 비닐하우스를, 홍보용 사진에서 본 것처럼 투명한 유리로 바꾸어줄 날이 올지 모르겠다. 그리고 그 안에서, 예쁜 여인 대신에 우리 부부가 우아하게 테이블 앞에 앉아 커피라도 마실 수 있으면 좋겠다. 그때는 이름도 '비닐하우스'가 아니라 '유리 온실'로 바꾸어야 할 것 같다.

37
우리 집 옆 소나무 밭에는
고라니가 산다

우리 집이 처음 이사 왔을 때, 200미터쯤 떨어져 있는 옆집(우리 집에서 제일 가까운 집)과 우리 집 사이에는 보리밭이 있었다. 보리가 익어가는 5월 무렵이면 창문 너머로 보이는 경치가 참으로 아름다웠다. 고흐의 '삼나무가 있는 푸른 보리밭'이란 그림이 딱 우리 집에서 보이는 풍경과 비슷했다. 차이라고는 노란색 지붕 대신에 주황색 지붕의 이웃집이 보였고, 삼나무 대신에 미루나무가 서 있었다.

그러던 중 우리나라 시골 전체를 휩쓸고 지나가던 소나무 열풍이 우리 마을에도 불어 닥쳤다. 소나무만 심으면 돈이 된다고! 그래서 너도 나도 할 것 없이 전부 소나무를 심었다. 우리 옆집 아저씨도 소나무를 심었다. 그것도 빽빽하게 무수히 많은 소나무를!

하지만 모든 농사가 그렇듯이 판로가 없으면 아무리 잘 키워도 꽝이다. 처음 계획은 나무가 크면 중간에서 하나씩 뽑아 먼저 팔고, 나무가 더 크면 중간에서 하나씩 또 뽑아서 팔고, 이렇게 순차적으로 소나무를 뽑아서 팔 계획이었을 것이다.

소나무야 저절로 자라주니 고생하며 농사지을 필요도 없고, 또 해마다 꼬박꼬박 수익을 안겨줄 터이니 세상에 이렇게 남는 장사가 어디 있나 싶으셨을 것 같기도 하다. 한동안은 그 아저씨도 꿈에 부풀어 사셨을 지도 모르겠다.

그런데 수요는 한정되어 있고, 너도 나도 모두 소나무를 심었으니 소나무를 사려는 사람이 없었다. 좀 천천히 자라주었으면 좋으련만, 그러는 와중에도 소나무는 쉬지도 않고 계속 자랐다. 결국 소나무 밭은 울창한 소나무 숲이 되었고, 동물들이 살기에 딱 좋은 안식처가 되었다.

지난여름에 누군가 우리 집 텃밭 한 쪽에 심겨 있는 아로니아 잎과 열매를 훑고 지나간 흔적을 발견했다. 바로 고라니였다. 탄닌 산이 워낙 강해 새도 먹지 않는다는 아로니아를 고라니는 먹었다. 그래서 고라니한테 다 빼앗기기 전에 급하게 텃밭에 있는 아로니아 열매를 먼저 수확했다. 이제 아로니아 잎쯤은 마음대로 먹으라지.

이번에는 고라니가 방향을 바꾸어 사과 과수원에 나타났다. 그리고는 사과잎을 따먹기 시작했다. 키가 작은 고라니였는지 땅에서 한 50cm까지의 잎만 모조리 따먹었다. 다행스러운 것은 사과는 전혀 먹지 않았다. 그래도 양심은 있는 놈인가 보다 싶어서 그냥 놔두기로 했다.

가을이 되어 텃밭에 김장용 무와 배추를 심었다. 무와 배추는 무럭무럭 자랐다. 그때는 키토산 액비도 열심히 주며 잘 키웠다. 그러던 어느 날 텃밭에 나갔더니 김장 무 잎이 하나도 보이지 않았다. 무는 총각무 크기만큼 자란 것이 땅속에 남아있었는데, 무는 남겨두고 무 잎만 깡그리 다 뜯어 먹어버렸다. 그리고는 그것만으로도 배가 충분히 불렀는지 배추에는 손도 대지 않고 사라졌다(무 잎만 먹은 것을 보면, 무 잎이 배추보다 더 맛있나 보다). 그렇게 김장 무 농사는 하루아침에 끝나 버렸다.

내 인내심에도 한계가 있으므로 더는 참지 못하고 울타리를 만들었다. 다음 차례는 틀림없이 배추일 테니까.

그리고 만나는 사람마다 우리 집 김장 무를 고라니가 다 먹었다고 소문을 내고 돌아다녔다. 무청만 먹었는데 무까지 다 먹은 것처럼 여기저기 떠들고 다녔으니 고라니가 조금은 억울했을지도 모르겠다(하지만 내 입장에서는 작은 무도 다 버려야 했으니 무까지 먹은 거나 다를 바가 없다). 나중에 김장 배추를 고라니가 홀라당 먹어치웠다는 분도 계신 것을 보면, 그나마 우리 집은 배추라도 남은 게 다행이란 생각도 들었다.

나중에 여기저기서 지인들이 김장 무를 나누어주셨는데, 그렇게 얻은 무가 우리 밭에서 키우던 것보다도 더 많았다. 그래서 김장도 담그고 겨우내 실컷 잘 먹었다. 시골 인심이 예전 같지 않고 사나워졌다고 사람들이 이야기하는데 실제로 변한 것은 거의 없는 것 같다. 단지 시골 인심이란 건 나 하기 나름인 것 같다. 시골도 사람 사는 곳이니까!

내가 울타리를 친 이후 그 고라니는 무엇을 먹고 살았을까? 모르긴 해도 아마도 옆집 텃밭을 기웃거렸을 것 같다. 옆 집 텃밭에는 아직 울타리가 없다!

P.S. 겨우내 조용한가 싶더니만, 봄이 되자 소나무 밭에 다시금 고라니가 나타난 것 같다. 과수원에서 일하다 보면 소나무 숲에서 고라니 울음소리가 들린다. 참고로 발정기 때의 고라니 울음소리는 꽤액거리는 것이 꼭 돼지 멱 따는 소리다. 생긴 것은 곱상한데 목소리는 영 딴판인 것 같다.

38

내 사과
무사하냐?

오랜만에 친구로부터 반가운 문자가 왔다.

'내 사과 무사하냐?'

긴 장마와 폭우로 내가 살고 있는 충주에도 피해가 발생했다. 이곳에서도 산사태가 일어나고, 도로가 유실되고, 심지어는 인명 피해마저 발생했다는 소식이 방송에 나오자 그날 아침부터 여기 저기서 안부를 묻는 전화가 걸려왔다.

"비 피해는 없고?"

그래도 우리 집 걱정해주시는 분들이 계시니 감사할 따름이다. 도시에 살고 계신 분들에게는 아무래도 집중호우에 그대로 노출 되어 있는 우리 시골집이 심히 걱정이 되었나 보다. 이렇게 다른 분들은 우리 집과 식구들의 안부를 묻는데, 친한 친구란 녀석은 달랑 문자 하나만을 보내왔다. 그리고는 기껏 한다는 소리가 '자기가 먹을 사과는 무사하냐?'라니….

만약 문자 내용을 액면 그대로 받아들인다면 이런 싹수없는 친구는 아예 만나지 않는 게 더 낫다고 말씀하실지도 모르겠다. 하지만 그것은 친구에 대한 걱정이 담긴 나름 그의 배려 깊은 문자다. 평소에도 유난히 표현하는 법이 서툴러 때로는 오해를 사기도 하지만, 그는 분명히 속내 깊은 친구다.

그런데 가만히 생각해보면 내 주위에는 하나같이 이렇게 표현이 서툰 친구들만 있는 것 같다. 하긴 은퇴한 장년의 남자치고 사근사근한 사람이 있을까 싶기도 하다. 그렇다면 그러는 나는?

원래 충주는 예로부터 자연재해가 거의 없는 지역이라고 한다. 그래서 이곳에 귀촌을 한 이후 지난 10여 년 동안 피해를 본 것은 딱 한 번뿐이었다. 2012년 태풍 볼라벤이 우리나라를 강타했을 때 사과나무 한 그루가 쓰러지고, 사과가 좀 많이 떨어졌다. 그 이후로는 이렇다 할 피해를 입은 적이 한 번도 없다. 그런데 올해 54일간이라는 긴 장마를 맞이했고, 그 안전하다는 충주에도 피해가 발생했다.

"워낙 폭우가 쏟아지니 계곡에서 폭포처럼 물이 쏟아져 내려왔고, 아름드리 나무가 토사에 밀려 함께 떠내려 왔어!"

피해 현장을 목격하신 한 형님의 증언이다.

전문가들은 이 긴 장마의 원인을 북극의 온난화 때문이라고 한다. 온난화로 북극의 기온이 10℃ 높은 상태로 지속되면서 기류에 영향을 끼쳤고, 북극의 찬 공기가 고온다습한 북태평양 고기압과 만나 장마전선을 만들었다는 얘기다.

이론적인 설명은 알겠는데, 정작 문제는 이런 현상이 올해 한 번으로 끝날 일이 아니라는데 있다. 농사를 짓다 보면 특히 기후에 민감해진다. 우리나라의 기온 상승률이 유난히 높아 21세기 말경에는 사과를 재배할 수 없다는 기후 평가보고서도 있는 것을 보면, 주위에서 사과재배 농가를 구경할 날도 그리 멀지 않은 것 같다. 물론 우리 집 사과 과수원이야 그보다 훨씬 전에 없어지겠지만(언젠가 아내와 심각하게 우리의 미래에 대하여 이야기한 적이 있는데 아내는 내가 먼저 세상을 떠나게 되면 지긋지긋한 과수원을 가차 없이 팔아버릴 거라고 한다).

해마다 이상 기후라고 방송하는 것을 보면 요즘은 자연재해도 수시로 발생하는 것 같다. 농지야 어쩔 수 없다 하더라도, 인명피해가 발생할 수 있는 시골집은 폭우가 오더라도 물에 잠기지 않고 눈이 오더라도 차가 다닐 수 있는 곳에 지어야 한다.

이번 경험을 통해 한 가지 더 알게 된 것은 산 가까이에 붙어 있는 땅도 주의하여야 한다는 사실이다. 집 지을 당시만 해도 우거진 숲으로 괜찮아 보였는데, 어느 날 갑자기 땅 임자가 멀쩡하던 나무를 베어내고 밭을 만들 수도 있다. 대부분의 산사태는 이렇게 나무를 베어내고 땅을 파헤쳐 놓을 때 발생한다. 몇 년 전 우리 집 바로 위에 있는 언덕에 인삼밭 만든다고 땅을 다 파헤쳐 놓은 적이 있었는데, 그때 갑작스러운 집중호우로 앞마당까지 흙

탕물이 쏟아져 들어와 고생한 적이 있었다.

긴 장마가 끝나고 과수원을 둘러보니 사과가 한 바구니 정도 떨어졌다. 또 자연 낙과가 심하기로 유명한, 딱 한 그루 있는 우리 집 복숭아도 절반은 떨어진 것 같다. 이 복숭아는 비바람이 아니래도 어차피 떨어질 것들이긴 했다. 대추는 긴 장마로 꽃이 수정이 되지 않았는지 거의 매달린 것이 없다. 이 정도라면 사실 우리 집은 피해랄 것도 없는 수준이다. 하지만 직접적인 피해를 입은 내 주위의 다른 농가들을 생각하면 너무 안쓰럽고 또 남의 일 같지가 않다. 이래저래 힘든 게 농사인가 보다.

긴 장마와 다시 유행하는 코로나 바이러스로 친구들을 만난 지도 제법 오래된 것 같다. 이제는 새롭게 사람을 사귀는 것도 어렵고, 또 예전에 알던 많은 사람들은 어느덧 하나둘씩 사라지거나 잊혀 가고 있다. 그래서 무뚝뚝한 친구들이라 하더라도 건강하게 잘 살고 있다면, 그리고 이따금 한 번씩 얼굴이라도 볼 수 있다면 행복하다. 그러니 아무리 짧고 무뚝뚝한 내용이라 하더라도 친구가 보내온 문자가 기쁘기만 하다.

'사과는 괜찮고 복숭아만 좀 떨어졌다.'

'그나마 다행!'

그것으로 오랜만의 대화가 끝났다. 끝내 서로의 안부를 묻지도 않았다. 문득 한 단어가 떠올랐다. '유유상종類類相從'이라고!

39

폭우로 과수원에
도랑이 생겼다

내가 과수원에 사과나무를 처음 심은 해는 2007년 봄으로, 벌써 14년 전의 일이다. 땅을 구입한 뒤 살림집을 짓기도 전에 먼저 사과나무부터 심었다. 사과는 수확하려면 5년은 기다려야 하니, 언제 지을지도 모르는 집을 다 지을 때까지 마냥 기다릴 수는 없었다. 그 대신에 살고 있던 시내 아파트로부터 과수원까지 날마다 출퇴근을 해야 했다.

우리 집이 사과 과수원이 된 직접적인 이유는 이렇다. 밭에 무슨 작물을 심을지 고민을 하고 있었는데, 우리 식구의 정착을 도와주었던 사촌 누님이 말씀하셨다.

"얘, 요즘은 시골에서 사과밖에 먹고 살게 없단다."

그 누님은 커다란 사과 과수원을 운영하고 계셨다. 그래서 누님의 말씀을 따라 심게 된 사과나무는 우리 집의 추운 날씨를 잘 버텨냈고, 그렇게 우리 집의 대표 작물이 되었다.

처음 사과 과수원의 반은 돌투성이의 밭이었고, 나머지 반은 흙(마사토)을 받아 새로 조성한 밭이었다. 과수원에는 약간 경사가 있어 물 빠짐도 좋았고, 사과나무들은 예쁘게 줄 맞춰 심겨져 있었다. 이른 봄에 굴착기로 바닥을 평평하게 다듬고 사과나무를 심었으니 처음에는 풀도 거의 보이지 않았다.

원래 봄 가뭄이라고 봄에는 비가 별로 오지 않는 법인데, 그 해는 이상하게도 비가 많이 왔다. 비가 와도 조금 온 게 아니라 아예 폭우가 쏟아지곤 했다. 아직 풀도 제대로 자라지 못한 과수원이니 작은 비에도 흙이 쓸려 내려가기 시작했고, 어쩌다 폭우라도 쏟아지는 날이면 아예 과수원 가운데로 도랑마저 생겨났다. 내가 할 수 있는 일이라고는 날마다 과수원에 출근해서 삽으로 새로 생긴 도랑을 메워주는 일뿐이었다. 지금이야 웃으며 이야기한다지만, 그 당시는 무척이나 참혹했다. 주위 분들에게 대책을 물어봐도 어느 누구도 뾰족한 대안을 제시해주지는 못했다.

자연농업 교육을 받을 때, 이런 경우 호밀을 심으면 좋다고 했다. 그래서 호밀 씨앗을 구하려 했는데 파는 곳이 없었다. 여기저기 알아보니 1년 전에 예약을 해야 호밀 씨앗을 구입할 수 있다고 한다. 대신 밭벼를 심어 보라는 사람도 있었다. 그런데 주위에 밭벼를 심는 사람은 없었고, 밭벼나 논벼나 똑같은 건 줄 알았던 나는 논벼를 구입해 과수원에 뿌려주었다. 일일이 땅을 파고 볍씨를 심을 수도 없어서 씨앗을 뿌려주고 갈퀴로 흙을 긁어주었다. 씨앗이 땅 속에 깊게 묻히지 않은 탓인지 비가 오자 씨앗들이 밖으로 드러났고, 일부는 쓸려 내려갔다. 다음날 아침, 이웃 동네 참새까지 우리 밭에 모여 볍씨를 주워 먹었다.

땅에 보온덮개를 깔아주라는 분도 계셨다. 그래서 보온덮개를 깔아 주었더니 이번에는 덮개 아래로 고랑이 생겼다. 고랑을 다시 메우기 위해 덮개를 걷어내려 해도 물에 젖은 덮개가 너무 무거워 치울 수도 없었다. 아예 땅에 달라붙어 걷어내지 못한 보온덮개가 아직까지 과수원에 일부 남아있다.

그 어느 것도 해결책이 되지는 못했다. 우연히 클로버(토끼풀)가 흙의 유실 방지에 좋다는 글을 읽게 되었다. 곧바로 클로버 씨앗을 구입해서 뿌려주었는데, 며칠 만에 클로버 싹이 나오면서 비로소 흙이 고정되었다.

일단 클로버가 싹을 틔우면 땅속으로 뿌리들이 엄청나게 번진다. 나중에 알게 되었지만 클로버는 흙을 윤택하게 하는 녹비작물로, 포복성 풀들은 과수원에 이롭다고 한다. 다음 해에는 클로버 씨앗을 더 구입하여 과수원 빈자리에 모두 뿌려주었다.

만약 누군가가 나처럼 흙의 유실을 막으려 한다면 클로버 씨앗을 뿌리라고 말해주고 싶다. 클로버의 엄청난 생명력에 다시 한 번 감탄한다. 진작 클로버 씨앗을 뿌리면 된다는 것을 알았더라면 그렇게 고생하지 않아도 되었을 텐데 하는 아쉬움도 있다. 그 당시에는 과수원에 풀을 키우는 초생 재배법이 그다지 유행하지도 않았던 것 같다.

단 한 가지 명심해야 할 것은 일단 클로버 씨앗을 뿌리면 나중에 클로버를 제거하기는 불가능하다. 혹시 제초제를 갖다 부으면 모를까. 과수원이라면 상관없는 일이지만 다른 목적으로 사용할 밭이라면 클로버 씨앗을 뿌리기 전에 다시 한 번 잘 생각해봐야 한다.

그리고 클로버에는 작고 예쁜 클로버뿐만 아니라 키가 무릎까지도 자라는 사료용 클로버도 있으니 품종을 잘 선택해야 한다. 품종도 모르고 심었던 우리 과수원에는 예쁘고 작은 클로버도 있지만 나머지 반은 사료용 클로버가 뒤덮고 있다.

40
우리 밭에서
냉이가 점점 사라지는 이유

우리 식구는 냉이를 좋아한다. 봄이나 가을에 나오는 냉이를 먹으면 냉이 특유의 향과 달콤한 맛이 퍼져 나온다. 정확히 표현하자면 나는 냉이를 먹을 때만 좋아하지만, 아내는 캘 때도 좋아한다. 밭에 냉이가 보이기라도 하는 날에는 아내는 하던 일 제쳐두고 냉이부터 캐려고 한다. 아내는 다른 밭일은 하기 싫어하면서도 이상하게도 냉이 캐는 일만은 싫어하는 기색이 없다.

그런데 우리 집 텃밭에 그 많던 냉이가 이상하게도 어느 날엔가부터 점점 사라져 갔다. 그리고 엉뚱하게도 그 화살은 나에게로 돌아왔다.

"당신이 예초기로 냉이꽃을 베어버려 냉이가 없잖아!"

내가 냉이 씨앗이 맺히기도 전에 꽃을 베어버려 냉이가 없어졌다는 말이다. 물론 처음에는 아무 생각 없이 풀이라면 모조리 다 베어버렸으니 그럴 수도 있겠다 싶었다. 하지만 아내의 화살이 나에게 꽂힌 이후로는 풀을 벨 때 행여 냉이꽃이 다칠까 조심하며 베었다. 그런데도 억울하게 냉이가 점점 없어졌다.

'분명히 귀찮다고 냉이꽃도 다 베어버린 거야. 그렇지 않고서는 냉이가 줄어들 리가 없지!'

내가 아니라고 아무리 말을 해도 아내는 결단코 내 말을 믿으려 하지 않았다. 자신이 말을 해도 영 들어먹지를 않으니 어쩔 수 없다는 듯이 아내가 제안을 했다.

"그러면 냉이 씨앗이라도 사다가 뿌려봐!"

그래서 시키는 대로 냉이 씨앗을 사다가 뿌려주었다. 아마도 시골 살면서 돈 주고 냉이 씨앗 구입해서 뿌려준 집은 우리 집밖에 없을 것 같다.

그런데 바로 이웃집 밭에는 널려 있는 게 냉이다. 하지만 그 집 밭에 자란 냉이는 캐 오면 안 된다. 왜냐하면 그 집 밭에 수시로 제초제 뿌리는 것을 직접 목격했으니까. 그러니 우리 집 텃밭에서 자란 냉이가 아니라면 있어도 아무 소용이 없다는 말이다.

그러다가 얼마 전 인터넷에 올라온 글을 보고서 우리 밭에 냉이가 점점 없어지는 이유를 알게 되었다. 그 글은 그동안 내가 당했던 억울한 누명을 벗겨주었다.

'냉이는 밭을 갈아줘야 발아한다. 냉이 한 포기에서 발생하는 종자는 대략 2천~4천 립으로 엄청나게 씨앗이 퍼진다. 그래서 한 번 냉이가 발생하면 해마다 계속 같은 밭에서 냉이가 저절로 자란다. 또 냉이 씨앗은 땅속에서 10년을 생존할 수 있지만 햇빛이 있어야만 발아를 한다. 그래서 봄철에 밭을 갈아주면 땅속에 묻혔던 씨앗이 햇빛을 보게 되므로 냉이가 발아하는 것이다.'

우리 밭은 생전 갈아주는 법이 없으니 땅속에 묻힌 냉이 씨앗이 햇빛을 볼일이 없었다. 그나마 퇴비를 주며 조금씩 뒤섞어주는 화단 안에는 비닐로 멀칭을 해버리고, 화단 사이의 고랑에는 땅을 갈아주기는커녕 항상 풀로 빽빽이 뒤덮여 있었다. 그리고 일 년에 몇 번 예초기로 풀을 깎아주는 게 전부이니 냉이가 비집고 나올 틈이 없었던 것이다. 분명히 내가 예초기로 냉이꽃을 베어버려 냉이가 없어진 게 아니란 말이다. 혹시 이렇게 오해하시는 분이 계실지도 모르겠다.

"좋으시겠다. 아내분이 남편 좋아하는 냉이 찌개를 끓여주려고 그렇게 열심히 밭에서 냉이를 캐다니…."

글쎄, 나도 가끔씩 얻어먹기는 하지만 절대로 그 이유 때문만이 아닌 것은 확실하다. 그렇게 캐 모은 냉이는 일단 냉동고로 들어가고, 냉동고로 들어간 냉이는 거의 손님 접대용이니까 말이다. 된장찌개에 냉이를 넣고, 바지락도 넣고(바지락이 들어가야 제맛이 난다) 끓이면 찌개 맛이 기가 막히다. 하지만 내가 냉이 찌개를 얻어먹는 것은 어쩌다 한 번이지만, 손님이 찾아오면 틀림없이 냉이 된장찌개가 단골 메뉴로 등장한다.

어쩌면 시골살이에 이력이 난 아내의 노련함인지도 모르겠다.

시골에서는 갑자기 손님이 들이닥칠 때 내놓을 반찬거리를 준비하기가 어렵다. 시골은 도시처럼 마트나 맛집이 주변에 있는 것도 아니다. 그래서 갑자기 손님이 찾아온다고 전화가 오면 아내는 여유 있게 냉동실에 고이 모셔두었던 냉이 한 뭉치를 꺼낸다. 집에서 직접 만든 된장을 넣고 구수한 냉이 찌개를 끓여낸다. 운이 좋으면 바지락도 들어간다. 그리고는 텃밭에 상추나 야채를 뜨러 나가며 나에게 주문을 한다.

"항아리 고기 굽게 숯불 좀 피워줘!"

항아리 고기에 냉이 된장찌개! 사실 이 정도면 진수성찬이다. 도시 사는 사람 치고 제 철도 아닌 때에 냉이 된장찌개를 얻어먹기가 쉽지만은 않을 테니까 말이다. 그것도 원산지가 확실한 자연산 냉이로 끓인 된장찌개를!

41
땅이 좋아지면
두더지가 나타난다

지난 사진들을 들추어보다가 텃밭 한쪽에 세워 놓은 바람개비 사진을 발견했다. 그동안 잊고 있었는데… 예전의 악몽이 되살아났다. 땅을 좋게 만들기 위해 제초제를 전혀 사용하지 않았고, 풀을 키우고 볏짚으로 멀칭을 해주었다. 또 비료 대신 퇴비를 밭에 넣어주면서 언젠가부터는 전혀 보이지 않던 지렁이가 나타나기 시작했다. 처음에는 드물었지만 시간이 지날수록 지렁이가 많아졌다. 호주에서는 지렁이 개체 수를 세어서 토양의 비옥도를 측정한다고 하더니만, 내 텃밭의 흙도 분명히 좋아지고 있었다. 그런데 지렁이가 많아지자 반갑지 않은 손님이 찾아왔다. 바로 두더지!(두더지가 많아지면 뱀도 생긴다고 한다!)

어느 날, 텃밭에 심었던 고추 모종이 갑자기 없어졌다. 벌레가 파먹었으면 주위에 잎이든, 끊어진 줄기든 무슨 흔적이 있어야 하는데 아무것도 없었다. 어쩔 수 없이 장에 가서 새로 모종을 구입해 와야 했다. 아직 봄인데 빈 땅을 여름 내내 놀릴 수는 없으니까. 그런데 모종을 심으려는 순간 땅이 푹 꺼지며 땅속에 큰 구멍이 나 있는 것을 발견했다. 바로 두더지 구멍! 그리고 그 두더지 구멍 속에는 없어졌던 고추 모종이 들어 있었다. 이런 고얀 놈 같으니라고. 감히 내 귀한 모종을 파 가다니!

주위 분들에게 두더지 잡는 법을 물어봤다. 그랬더니 사람마다 두더지 잡는 방법도 참으로 다양했다. 제일 쉬운 것은 두더지 약을 땅속에 넣어주는 방법이다. 두더지는 한 번 구멍을 뚫어놓으면 다니던 길로만 계속 다닌다고 한다. 그러니 그 구멍에 두더지 약을 넣어주기만 하면 된다. 그런데 약 한 통에 1만원이나 하고, 알약 크기도 사탕만 해서 몇 번 쓰면 끝이다. 두더지가 좀 많아지면 돈이 감당이 안 된다. 나도 몇 통은 사봤지만 그것으로는 어림도 없었다.

다음은 쥐틀처럼 두더지 틀을 땅속에 묻어두는 방법이다. 두더지가 먹이를 찾다가 틀 안에 갇힌다. 문제는 그 잡힌 두더지를 어떻게 처리하느냐이다. 살아있는 두더지를 죽이는 장면을 생각하면 끔찍하다. 더 중요한 건 누가 처리할 건데? 아내는 당연하다는 듯이 나를 쳐다봤다. 그래서 포기했다. 패스!

조금 고생스럽지만 가장 확실한 방법도 있단다. 두더지는 새벽에 많이 움직인다고 하니 이른 새벽에 일어나 밭에서 기다린다. 흙이 꿈틀거리며 두더지가 지나가는 것이 포착되면 잽싸게 삽으로 두더지가 지나가는 길 앞쪽을 막는다. 앞이 막힌 두더지는 땅 밖으로 튀어나오게 되고, 갑자기 환한 밖으로 나온 두더지는 행동이 굼떠지는데 이 순간을 놓치지 말고 몽둥이로 때려잡으면 된다. 숙달이 필요하면 유원지 같은 곳에 설치된 두더지 방망이로 연습할 수도 있다. 새벽잠 많은 나는 이것도 힘들다.

끝으로 바람개비 퇴치법이다. 먼저 옷걸이 철사를 이용해서 바람개비를 만든다. 쇠파이프 한쪽을 땅속에 박아놓고 그 파이프에 바람개비를 꽂아 놓으면 된다. 그러면 바람개비가 돌아갈 때 생기는 진동이 땅속으로 전달되면서 두더지는 도망간다고 한다. 죽이는 것도 아니고 쫓아내는 방법이니 가장 인도적인 방법이다. 물론 그 두더지는 가까운 이웃집으로 피신하겠지만.

그래서 바람개비 여러 개를 만들어 텃밭 곳곳에 꽂아놓았다. 과연 이 방법이 효과가 있었는지는 잘 모르겠다. 하지만 내가 선택할 수 있는 다른 방법은 없었다. 그러나 두더지가 가장 활발하게 활동한다는 이른 새벽에는 바람이 불지 않는다(그래서 방제를 할 때에도 바람이 불지 않는 새벽에 한다). 또 한 번은 바람개비 바로 밑으로 과감하게 뚫고 지나간 두더지 굴도 발견한 적이 있다. 물론 두더지 10마리 중 9마리는 도망가고 마지막 남은 1마리가 뚫은 것일 수도 있다.

그렇게 몇 해를 두더지와 싸우다 보니 언젠가부터는 거의 두더지를 발견할 수 없게 되었다. 오랫동안 자연농업을 하면 어느 시점부터는 자연의 균형을 이루는 시점이 저절로 온다고 한다. 흙 속에 미생물도, 적당한 지렁이와 두더지도 생겨 서로 균형 잡힌 먹이 사슬이 형성된다는 것이다.

요즘도 우리 집은 가끔씩 죽은 두더지를 뒤뜰에서 발견한다. 우리 집 고양이들이 텃밭을 싹싹 훑으며 잡아놓은 두더지들이다. 아마도 지들 밥값 한다고 과시용으로 잡아 놓은 것 같다. 뭐니 뭐니 해도 두더지 퇴치에는 우리 집 고양이 네 마리가 최고다.

42
닭을 키워,
말어?

시골 살면서 누구나 한 번쯤 꿈꾸는 로망이 있으니 바로 닭을 키워 따끈한 달걀을 얻는 일이다. 마당 한구석에 닭장을 만들고 텃밭에서 나오는 채소를 먹이로 주면 되지 않을까? 그러면 날마다 달걀을 낳아줄 테니 부식비도 절약되고 얼마나 좋을까?

나 역시도 닭 진드기 때문에 뿌린 살충제나 닭에게 먹인 항생제가 달걀에서 검출되었다는 뉴스를 접할 때마다 차라리 집에서 닭을 키우는 게 더 나을 것 같다는 생각을 하곤 했다. 또 우리 집에는 과수원도 있으니 울타리만 쳐주면 닭들이 스스로 먹이를 해결할지도 모른다. 닭이 과일에 피해를 줄 수도 있다는 우려 섞인 충고도 있지만, 한 쪽 날개의 깃털만 조금 잘라주면 날지 못해 괜찮다는 비법도 이미 전수받은 상태다.

이렇게 준비가 잘 되어 있는 내가 아직도 닭 키우기를 망설이는 이유는 주위에서 실제로 닭을 키워본 경험자들이 한결같이 닭을 키우지 말라고 극구 반대하기 때문이다. 차라리 달걀을 사 먹으라고 한다. 그들의 진심 어린 충고를 종합해보면 이렇다.

닭장은 어설프게 만들면 짐승이 뚫고 들어간다(제대로 만들려면 시간과 돈을 제법 들여야 한다는 말이다). 더구나 고양이는 작은 구멍만 있어도 들어간다고 하니 문득 우리 집 고양이들이 닭장 안을 초토화시키는 장면이 떠올랐다. 또 우리 집 개 '새침이'와 '호돌이'는 어떻고? 이놈들은 닭장을 부수고도 들어갈 놈들이다.

달걀을 제대로 뽑아 먹으려면 텃밭의 채소만으로는 어림도 없고, 사료를 먹여야 한다. 그런데 사료 맛들인 닭들은 채소는 잘 먹으려 들지도 않는다고 한다. 더구나 사료값이 달걀 사먹는 가격보다 더 비싸다고 하니, 개 사료에 고양이 사료 그리고 닭 사료까지 사야 하는 우리 집은 아마도 식비보다 사료값이 더 들어갈지도 모르겠다.

날씨가 추워지면 닭은 알을 낳지 않고 사료만 축낸다고 한다. 그냥 눈 딱 감고 겨우내 공짜로 먹여주든가 아니면 닭을 처분해야 하는데, 그게 아무나 할 수 있는 게 아니다. 어릴 때 시장에 가면 닭 잡아주는 집이 있었지만 지금은 시골에도 닭 잡아주는 집이 없다. 또 곰곰이 생각해보니 우리 집에서 날마다 닭에게 물과 사료를 주고 온갖 뒤치다꺼리를 해야 할 사람은 바로 나밖에 없다.

그 외에도 제일 치명적인 단점이 있었으니, 닭은 새벽에만 우는 것이 아니라고 한다. 요즘 닭들은 시도 때도 없이 우는데, 한 지인의 말을 빌리자면 그 집 닭들은 새벽 2시만 되면 운다고 한다. 그래서 잠을 자다가 깬 적이 한두 번이 아니라고 하니 과연 내가 한밤중에 "꼬끼오~" 하는 닭의 비명소리를 참아낼 수 있을지도 모르겠다.

이렇게 부정적인 요소가 많다는 데도 아직까지 망설이는 이유는, 난 한 번 꽂히면 쉽게 포기하지 못하는 성격이기 때문이다.

'틀림없이 좋은 점도 많이 있을 거야!'

더구나 나는 날마다 닭장에서 달걀을 몇 개씩 훔쳐 오는 그 기쁨을 쉽게 포기할 수가 없다. 갓 낳은 따끈따끈한 달걀을 포기하자니 너무 가슴이 아프다. 닭을 키워보지 않은 사람은 닭을 키우라고 부추기고, 닭을 키워본 사람은 절대로 키우지 말라고 한다. 그놈의 달걀이 뭐라고…. 오늘도 나는 결정을 내리지 못하고 이렇게 망설이고 있다. 닭을 키워? 말어? 아직도 잘 모르겠다.

43
내가 닭은
참 잘 키우거든

내가 주말이 되면 꼬박꼬박 성당에 잘 나가는 이유는, 물론 신앙
심도 없지는 않겠지만 친한 사람들을 만나는 즐거움도 있기 때문
이다. 좀 더 정확히 표현하자면, 말도 통하고 같이 어울려 식사도
하며 시간을 보낼 수 있는 그런 사람들 말이다.

우리 성당에는 이런 남자들이 10명쯤 된다. 시골치고 많다고
하실 지도 모르지만 50세 이상 70세 이하의 젊은 남자는 그 분들
이 전부다.

카톡 방에 문자를 넣었다, '이번 주 토요일 12시, A 형님 별장
에서 회식 있음, B가 제공한 닭으로 백숙을 준비할 예정임. 각자
가져올 수 있는 채소나 음식을 알려주세요. 소주는 회비로 구입하
겠음.'

딩동 거리며 문자가 계속 들어왔다. '난 수박 가져 갈게', '오이,
고추 있음', '엄나무, 가시오갈피 잘라놓은 것 가져감' … 순식간에

부식준비까지 끝났다. 평소에는 바쁘다고 잘 나타나지 않다가도 이런 자리에는 빠지는 분이 한 명도 없으시다.

우리 중 한 형님이 별장을 갖고 계시는데 그곳이 바로 비밀 모임장소다. 사실 말이 별장이지 다 쓰러져 가는 폐옥을 구입하여 대충 손을 본 집으로, 방 하나에 불 때는 아궁이와 무쇠 가마솥이 있고, 볕을 막아주는 차양이 있다.

하지만 이 정도면 우리에게는 충분하다. 더구나 이곳은 '금녀구역'으로 우리에게 잔소리할 사람이 아무도 없으니까 말이다.

그래서 일 년에 몇 번씩 이 아지트에 모여서, 닭을 잡아먹거나 바베큐 파티를 열기도 한다. 아! '도리뱅뱅이'라고 피라미를 잡아서 튀겨 먹기도 하고, 어죽을 끓여 먹은 적도 있다.

우리 멤버 중에는 양계장을 운영하시는 분이 계시니 닭을 가져오고, 각자 집에서 김치나 온갖 양념, 채소, 과일 등을 훔쳐 온다. 훔쳐 온다는 표현이 맞는 게, '또 술 먹으러 간다'는 잔소리 듣기 싫어 식구 몰래 가져오는 거니까. 그리고 우리 중에는 요리사도 있다.

한 형님은 직장 때문에 다른 지역에서 몇 년을 사시다가 귀향하셨는데, 그곳에 계실 때 집에서 닭을 키웠다고 하신다. 그곳 성당에도 성인 남자들의 모임이 있었는데, 꽤나 자주 모여 닭을 잡아먹은 모양이었다.

"그 당시에는 집터가 제법 넓어서 닭을 키웠지. 닭장도 큼직하게 만들었어. 봄이면 병아리를 백여 마리나 사 왔어. 먹이도 사료도 먹이고 텃밭에서 나오는 채소도 주었지. 직장 다녀오면 특별하게 할 일도 없었거든. 그리고 주말이나 노는 날에는 멤버들 모이라고 전화만 하면 바로 다들 모였어. 그때 정말 재미있었어. 닭을 하도 많이 잡아먹어서, 그 많던 닭들이 겨울이 되기도 전에 한 마리도 남지 않았어. 내가 닭을 한 마리도 죽이지 않고 참 잘 키웠거든!"

평소에 나도 닭을 키워보고 싶었기에 물어봤다.

"닭 잘 키우는 비법이 있으세요?"

"아니, 별 건 없어. 그런데 우리 집 닭들은 병도 한번 안 걸리고 잘 자랐던 것 같아."

아! 물 좋고 공기 좋은 곳에서, 널찍하니 만든 닭장에서 텃밭 채소를 먹이며 닭을 키우니 그런가 보다고 생각했다. 확실히 좋은 환경을 만들어줘야 닭들도 잘 크나 보다.

그런데 그 형님이 끝으로 비법을 전수해주셨다.

"동물 약국에 가면, 몇 천 원만 주면 항생제를 한 주먹만큼 주거든. 비싸지도 않아. 이따금 그 항생제 사다가 닭한테 먹이기만 하면 끄떡없어!"

헉! 난 그 형님 닭 얻어먹지 않아 천만다행이란 생각이 들었다.

44
진한 녹색 채소의
비밀

얼마 전에 이웃집에서 시금치를 먹으라고 갖고 오셨다. 우리 집에서는 시금치를 초겨울에 심어 이른 봄까지만 먹곤 했는데, 5월 중순에도 시금치를 수확할 수 있나 보다. 봉투에 들어 있는 시금치를 보니 짙은 녹색에 크기도 마치 배춧잎처럼 엄청나게 컸다. 시금치에 비료를 많이도 주셨나 보다.

텃밭에서 재배하는 채소의 경우, 비료를 뿌려주고 물만 주면 하루가 다르게 부쩍부쩍 자란다. 비료의 남용으로 땅이 굳어지고 수질이 오염된다고는 하지만, 비료만큼 채소를 쑥쑥 자라게 해주는 것도 없는 것 같다.

황폐한 밭에도, 개간을 한 땅에도 비료만 뿌려주면 곡물이 자란다. 우리 집 언덕 위의 커다란 밭은 처음에 흙을 퍼내는 바람에 생흙이 고스란히 드러났었다(흙 팔아먹는다고 언덕을 깎아 평평한 밭으로 만들었다). 그때 분명히 비료만 주고 도라지를 키웠는데, 도라지는 한 뼘도 넘는 크기로 쑥쑥 자랐다.

비료를 땅에 뿌린 후 수용태가 되는 기간은 7일, 땅에서 흡수되는 기간은 14일 정도밖에 안 된다고 한다. 즉 비료를 뿌려준 뒤 21일 후에는 식물이 흡수하지 못하게 되며, 남은 비료는 굳어서 경반층이 되거나 지하수에 침투하여 환경을 오염시킨다. 그래서 대개 뿌려준 비료의 20%만을 식물이 섭취한다고 보면 된다. 예전보다는 사용량이 줄었다고는 하지만 아직도 우리나라는 비료를 많이 사용하는 나라 군에 속한다. 우리보다 비료를 많이 사용하는 나라는 중국, 말레이시아 정도뿐이라고 한다.

사람들은 농사를 지으려면 비료를 사용할 수밖에 없다고 말한다. 자그마한 텃밭도 아니고 대규모로 농사를 지으려면 비료가 필요하다는 것에 나도 공감한다. 문제는 얼마나 많은 비료를 사용하는가이다. 채소가 큼직하고 먹음직스러워야 팔리니 오가며 수시로 비료를 뿌려준다. 해마다 그렇게 농사를 짓다 보니 이제는 둔감해져서 비료를 많이 뿌려줘도 하나도 이상할 게 없다. 옆집을 봐도 그렇고, 또 대규모로 농사를 짓는 사람치고 그렇게 농사짓지 않는 사람이 없어 보이니까!

하지만 비료를 많이 주고 채소를 키웠을 때, 그 피해는 고스란히 우리에게 다시 되돌아온다. 비료를 많이 주었을 때, 녹색 채소 안에 들어 있는 초산성 질소(질소태)의 함유량이 문제가 된다. 푸른 잎채소의 경우, 녹색이 진하면 진할수록 질소태를 많이 함유하게 된다. 채소는 비료를 뿌려주면 자신에게 필요한 만큼만 선택적으로 양분을 흡수하는 것이 아니라 주는 대로 다 흡수하고, 잔뜩 먹고 난 다음에는 더욱 진한 녹색으로 변한다.

가와나 히데오의 〈채소의 진실〉이란 책에 나온 내용이다. '초산성 질소의 건강 피해는 1980년대 쇼킹한 사건 이후 널리 알려졌다. 미국에서 아기가 산소 결핍 때문에 몸과 얼굴이 파래져서 돌연사하는 사건이 발생한 것이다. 이른바 '블루 베이비 증후군'이었다. 원인은 아기가 먹는 이유식에 색이 짙은 잎사귀 채소를 갈아 넣었는데, 결국 초산성 질소 농도가 진한 물에 분유를 섞은 결과를 초래했다. 세계보건기구WHO 조사에 의하면 1945년부터 1985년 사이에 2000건의 증명 사례와 160명의 사망 사례가 보고되었다. 성인에게는 문제가 없는 양이라도 아기에게는 치명적인 영향을 미칠 수 있다.'

초산성 질소는 체내에서 단백질과 만나 발암물질이 된다고 한다. 물론 그 피해란 것이 성인에게는 그다지 심각한 정도는 아닐 수도 있다. 하지만 어린아이의 경우에는 입장이 다르다. 가뜩이나 유해한 물질로 가득 찬 세상에, 몸에 좋지 않다는 것은 어릴 때부터 최대한 멀리해야 하지 않을까 싶다.

우리 주위에는 아토피로 고통을 받는 사람도 많고, 불임이나 남자의 정자 수 감소, 기형아 출산과 같은 문제들도 점점 더 심해지고 있다. 암 발생률이 높다는 것은 새삼 놀랄 일도 아니고.

44 진한 녹색 채소의 비밀

예전에는 크고 진한 색상의 채소들이 더 싱싱해 보여 좋아했는데, 지금은 선뜻 손이 나가지 않는다. 같은 시금치라도 짙은 녹색보다는 연한 녹색의 시금치가 더 먹음직스러워 보인다. 그런데 혹시 이것도 비닐하우스에서 농약과 비료만 주고 키운 게 아닐까? 햇빛을 못 봐서 연한 녹색일 수도 있으니까 말이다. 의심은 꼬리에 꼬리를 물고 계속 일어난다.

그래서 제일 좋은 방법은 텃밭에서 내가 직접 키워 먹는 것일지도 모르겠다. 그러나 이것도 대부분의 사람들에게는 해당되지 않는 말이다. 아내는 유난히 채소를 날 것으로 먹는 것을 좋아한다. 날마다 수북이 나오는 상추, 풋고추, 오이 등은 이해를 하겠는데, 아내는 부추도 날로 먹는다. 한 수 더 떠서 우리 집에 놀러 온 아내 친구는 마늘종도 날로 먹는다. 그러면서 채소를 생으로 먹는 것을 좋아하지 않는 나를 마치 외계인 취급을 한다.

다행스럽게도 이 초산성 질소는 뜨거운 물에 데치면 많이 사라진다고 한다. 그러니 이번에는 내가 아내에게 큰 소리를 칠 수 있을 것 같다.

'그러니까 날 채소 말고 샤브샤브 해 달라니까!'

난 샤브샤브는 잘 먹는다. 그런데 혹시 샤브샤브에 산 낙지를 넣어주지는 않으려나? 바랄 걸 바라야지!

45
시골의 들판에는
비닐하우스만 있다

작년에 남해안으로 여행을 다녀오면서 놀란 것이 하나 있으니, 바로 우리나라 전역에 뒤덮여 있는 비닐하우스다. 내가 살고 있는 지역만 그런 줄 알았더니, 고속도로를 따라 시골의 넓은 들판이 온통 비닐하우스로 뒤덮여 있었다. 쌀이 과잉생산이라고 하더니만, 논이란 논은 전부 비닐하우스로 바꾸고 있는 것 같다(실제로 논을 밭으로 바꾸면 정부에서 지원금도 준다고 한다). 이제는 시골의 정경을 '푸른 들판'이 아니라 '비닐하우스 들판'이라고 해야 할까 보다.

요즘 짓는 비닐하우스는 바람이 불면 날아가고 눈이 오면 무너지는 허접한 비닐하우스가 아니다. 마치 집을 짓는 것처럼 촘촘히 파이프로 마무리된 튼튼한 비닐하우스다. 비닐도 이중 비닐을 사용하고(단열을 위해 이중으로 비닐을 씌운다), 때로는 커튼도 설치한다. 끌어올린 지하수를 뿜어 보온도 한다. 더 고급스러운 스마트 팜에는 자동으로 조정되는 첨단 장비들도 들어 있다. 아마도 이렇게 튼튼하고 멋있는 비닐하우스는 대부분 정부의 저금리 융자나 지원을 받아 짓는 것일 게다. 일반 농민이 감당하기에는 시설 투자비용이 만만치가 않을 테니까. 이런 스마트 팜 짓는 비용은 평당 백만원 이상이라고 한다. 다시 말해 200평짜리 스마트 팜 한 동을 지으려면 2억원 이상이 든다는 말이다. 그러니 우리 같은 농사꾼에게 스마트 팜은 그림의 떡이다.

요즘 시골 농정의 키워드는 '시설 원예'와 '스마트 팜'이다. 이 두 분야 종사자가 아니라면 결코 우리 농촌의 미래를 책임질 수 없는 것 같다. 어설픈 농사꾼인 나야 자격 미달이라고 치고, 옆에 있던 형님께 물어봤다. "논에 흙 받아 메워버리고 정부 지원받아 비닐하우스나 짓지 그러세요?"라고 했더니, "난 자격이 안 돼!" 하신다. 평생 농사를 지으신 농사꾼인데도 자격이 안 된다고?

정부 지원을 받으려면 일단 나이가 젊어야 한단다. 50세가 넘으면 자격 상실이다. 평균 연령 66세인 시골의 기존 농사꾼들은 해당사항이 없다는 얘기다. 또 새로 귀농을 해야 우선권이 주어진다고 한다. 젊은 사람들을 시골로 유치하려는 것은 알겠는데, 어쩌면 역차별일 수도 있겠다는 생각이 들었다.

그런데 그 많은 비닐하우스를 보고 있자니 은근히 걱정이 되었다. 이른 봄에 비닐하우스에서 생산해내는 작물이라고 해봐야 뻔하다. 상추와 같은 쌈 채소와 방울토마토, 그리고 딸기가 시설농

가의 주요 작물이다. 지역에 따라서는 파프리카를 재배하기도 한다. 그러나 앞으로는 점점 더 많아지는 비닐하우스에서 채소와 온갖 과일이 쏟아져 나올 것이다. 그러면 누구나 예측할 수 있듯이, 물량이 많아지면 가격은 당연히 내려간다.

이미 하우스 농사를 지어오신 분들은 지난 몇 년 간은 그럭저럭 먹고 살 만했을지도 모르겠다. 비닐하우스 3,300m²(1,000평)만 농사지으면 한 가족이 생활할 수 있다고 했으니까. 하지만 앞으로도 소득이 보장될 거라고는 장담할 수 없다. 그리고 어쩌면 뒤늦게 하우스 농사지으려는 분들은 투자비를 건지기 힘들지도 모른다. 아무리 저리로 융자를 받았다고 해도 빚은 빚이다.

생산보다도 판매가 더 힘들다는 건 농사짓는 사람이라면 누구나 다 아는 일이다. 획기적인 최신 시설과 기술로 생산량은 계속 늘어나지만, 판로를 위한 대책은 미비하기만 하다. 스마트 팜에서 재배한 작물이라고 가격을 두 배로 쳐주는 것도 아니고, 또 생산량이 증가한다고 해도 기껏해야 30% 정도라고 한다. 물론 30%가 적은 숫자는 아니지만, 과연 투자 대비 소득이 먹고 살 만한 건지는 잘 모르겠다.

정부에서는 해외 수출에 눈을 돌린다고는 하지만, 아직은 걸음마 단계다. 그러니 아무리 멋진 시설에서 농사를 잘 지어도 제값 받고 팔 곳이 없으면 어차피 꽝이다. 농산물 가격이 절반으로 떨어지는 건 순식간이다. 오죽하면 '농사는 도박'이라고도 하니까!

행여 이른 봄에 출하하는 방울토마토나 딸기 가격이 폭락할까 봐 조심스럽다. 물량이 많아지면 중간 상인들은 당연히 구매 가격을 내릴 것이고, 그 피해는 고스란히 농민들에게 돌아갈 것이다. 그렇다고 소비자 가격은 별로 내려가지도 않겠지만 말이다. '자라 보고 놀란 가슴, 솥뚜껑 보고 놀란다'고 하더니만, 내가 너무 앞서서 걱정하는 걸까? 글쎄, 두고 보면 알겠지….

46

밭작물을 과수로
바꾸지 못하는 이유

시골에 살다 보니 친하게 지내는 지인들과 자연스럽게 농사짓는 이야기를 많이 하게 된다. 그들 중에는 나처럼 귀촌한 사람도 있지만 귀농한 분도, 시골 토박이로 평생 농사를 지으시는 분도 계시다. 또 농업지도소에 근무하는 농업 전문가도 있다.

이들 대부분은 성당에 다니며 알게 된 분들이다(귀촌한 경우에는 종교생활을 하는 것도 시골생활에 쉽게 적응할 수 있는 방법 중의 하나다). 이렇게 다양한 분야의 사람들이 모여 이야기를 나누다보면, 내가 시골 살면서 그간 궁금해 했던 것들을 조금은 이해할 수가 있었다.

내가 했던 질문 중의 하나는 '왜 수익도 얼마 되지 않는 밭농사를 그만두고 과수농사로 바꾸지 않는가?'였다. 시골에서 농사짓는 사람 중에도 과수를 재배하는 사람들은 많지가 않다. 내 주위에도 대부분 밭농사를 짓고 있지만, 과수원을 운영하시는 분은 몇 분 안 계시다.

밭농사는 평균 수익이 평당 2,500원 정도밖에 되지 않는다고 하지만, 과수는 훨씬 높다(정부의 공식 통계자료임). 농업기술센터에서 발표한 자료에 의하면 복숭아는 수익이 평당 1만~3만원이고, 사과는 2만~3만원으로 나와 있다.

그리고 사람들이 과수로 바꾸지 않는 것이 아니라, 구조적으로 바꿀 수 없다는 것을 알았다.

밭작물을 과수로 쉽게 바꾸지 못하는 이유는, 먼저 시골 사람 자신의 땅이 별로 없기 때문이다(내가 살고 있는 지역의 경우). 분명히 농사짓는 사람은 시골 사람인데, 땅 소유주는 다른 사람이다. 내가 살고 있는 이곳은 오래 전에 기업도시 바람이 불면서 대부분의 땅이 도시 사람 손으로 넘어갔다고 한다.

그런데 과수원을 하려면 자기 땅이 없으면 안 된다. 과수는 제대로 수확하려면 나무를 심고 5년은 기다려야 하며, 그 이후 10년간 수익이 발생하는데 땅을 15년씩 빌려 주려는 사람이 없다. 요즘같이 변화가 빠른 세상에 누가 쉽게 15년씩 땅을 빌려주겠는가? 예외로, 과수원을 직접 운영하다가 나이가 드니 힘에 부쳐 다른 사람에게 임대를 주는 경우는 종종 있다.

설사 본인 땅이 있다고 하더라도 과수로 바꾸기는 어렵다. 과수는 심고 나서 5년 동안은 소득 없이 농자재 비용만 계속해서 들어간다. 유목이라고 하더라도 방제를 해야 하고, 거름도 줘야 한다. 즉 5년간 먹고 살 자금과 여유자금이 있어야 가능한 선택이다.

끝으로, 과수는 기술이 있어야 한다. 요즈음은 농사 교육을 해주는 곳도 많지만 그것만으로 충분한 건 아니다. 밭농사라면 눈 감고도 할 수가 있는데 그 지식은 다 쓸모가 없고, 과수기술을 새로 배워 농사짓는다는 것이 쉽지만은 않다. 더욱이 고령화되어 있는 시골에서 5년 후를 보며 밭작물을 과수로 바꾸기는 더욱 어렵다.

힘들게 밭농사를 짓고 계신 형님께 물어봤다.

"차라리 과수로 바꾸는 게 더 낫지 않으세요? 훨씬 힘도 덜 든다는데."

"내 나이가 얼만데 이제서 과수를 심겠냐? 얼마나 오래 산다고!"

상황이 이러니 소득이 낮은 줄 알면서도 계속 밭농사를 짓는다. 그래서 젊은 사람들이 귀농해서 과수로 돈 벌었다는 이야기는 거의 없다. 땅을 구입할 자금도 없고, 기술도 없다. 또 5년을 기다려줄 여유도 없다.

젊은 나이에 귀농해서 성공했다는 사람들은 대부분 귀농이 아니고 귀향한 경우가 많다. 다시 말해서 백지 상태에서 새로 시작한 것이 아니라, 부모님이 짓던 농사를 함께 하거나 물려받은 경우이다. 이렇게 귀향한 경우는 살아갈 집이 있고, 농사지을 땅도 있다. 필요한 농기계도 다 갖추어져 있을 테고, 농사 기술도 쉽게 배울 수 있다. 이렇게 기본적인 것들이 다 갖추어진 상태이기에 정착하기가 쉽지만, 우리 누구에게나 해당되는 것은 아니다.

그래서 귀농 성공사례를 보여줄 때에는 어떠한 배경 아래서 어떻게 성공할 수 있었는지, 적어도 오해하지 않도록 잘 설명해줘야 한다. 꿈에 부풀어 시골로 내려와선 냉혹한 현실에 부딪히게 되고, 결국 도시로 되돌아가는 사람들이 있어서는 안 된다. 물론 사전에 철저한 조사와 준비, 그리고 노력은 본인의 몫이다.

이따금 귀농해서 억대 연봉을 올리는 젊은 사람들의 사례가 방송되고 있다. 정확한 내막은 몰라도 그들은 기성세대가 해오던 방법을 고집하지 않는다. 그들은 분명히 1차 산업이었던 농업을 4차 산업으로 변모시켜 새로운 부가가치를 창출하기도 한다. 기성세대라면 감히 꿈도 꾸기 힘든 일이다.

아직 갈 길도 멀고, 또 그렇게 성공하는 사람들이 많지는 않지만 멀리서 그들의 모습을 지켜보면서 때로는 희망을 가져보기도 한다. 농촌에는 아직도 고질적인 농산물의 유통구조가 심각한 문제로 남아있다. 심각하다는 것을 알면서도 기성세대는 수십 년 동안 손도 대지 못하고 끙끙 앓아오기만 했다. 문제를 해결하고 싶어도 기득권에 부딪혀 할 수 없었던 건지, 아니면 하지 않은 건지는 잘 모르겠다.

하지만 젊은 세대는 분명히 기성세대가 지니지 못한 능력을 가지고 있다. 최신 기술도 손쉽게 습득을 하고, 실생활에 활용을 한다. 또 엄청난 속도로 자신의 목소리를 세상과 공유하는 능력도 지녔다. 어쩌면 젊은 세대는 이런 능력과 기술을 이용하여 고질적인 농촌의 문제를 획기적으로 확 바꿀 수 있을지도 모른다. 그런 날이 하루빨리 올 수 있었으면 좋겠다. 그래야 농촌이 산다.

47
남은 것은
고물 농기계뿐이다

우리 마을에서 또 한 분이 이사를 가셨다. 가뜩이나 몇 집 남지도 않았는데 할머니 혼자서는 살기가 힘드시다며 시내 아파트로 이사를 가셨다. 할아버지는 작년에 돌아가셨으니 거의 일 년 넘게 할머니 혼자 지내오신 셈이다.

십여 년 전에 우리 가족이 처음 이곳으로 이사를 왔을 때, 할아버지는 젊은 사람이 이사 왔다고 좋아하시며 동네 모임에도 기꺼이 넣어주셨다. 그 덕에 마을에서 왕따를 당하지 않고 잘 적응할 수 있었는데, 작년에 77세의 별로 많지도 않은 나이에 갑자기 암으로 돌아가셨다.

할아버지는 마음이 한없이 좋으신 한량이셨지만 평소에 (연세 드시고도) 워낙 술을 좋아하셔서 할머니 고생도 많이 시키신 모양이었다. 대낮에도 뻘게진 얼굴로 작은 오토바이를 타고 돌아다니시는 모습을 자주 볼 수 있었으니까.

그러다가 몇 년 전에야 비로소 우리 동네에 들어온 공장에서 경비로 일을 하셨고, 시간이 나면 틈틈이 농사도 지으셨다. 우리 집에 텃밭이 있다는 것을 알면서도 팔고 남은 가지를 가져다주시기도 했고, 절임고추를 만들어 주시기도 했다. 아마도 우리 집에서 사과 얻어먹는 보답으로 무엇이라도 주고 싶으셨나 보다.

한평생 농사다운 농사를 지으신 것도 아니니 모아놓은 돈이 별로 없었을 테고, 또 일 년 동안 항암 치료를 받으며 남은 돈마저도 다 써버렸을 터였다. 그래서 할머니는 식당에 다니시며 일을 하셨다. 그러다가 할머니도 관절이 아파 더 이상 일을 하시기 힘들어지자 자식들이 아파트를 구해주었다고 한다. 이제 좀 편하게 지내시라고. 그나마 그런 자식들이라도 있으셔서 다행인 셈이다.

이사 가시기 전날, 마을 사람들이 모여 할머니께 식사 대접을 해드렸다. 아파트가 시내에 있으니 차로 삼십 분이면 가는 가까운 거리지만 한평생 식구처럼 지낸 이웃인지라 모두들 아쉬워했다.

할머니는 집을 비워야 하므로 지난 주말에 자식들을 불러 함께 집안을 치우셨다고 한다. 오래 묵은 살림살이들이라 다 고물상에 넘기고 간단하게 옷가지 몇 개만 챙겨간다고 하셨다. 경운기는 아직 쓸 만하다고 따로 50만원을 받았고, 그 이외의 잡다한 농기계들과 공구, 한평생 모아둔 고물들은 전부 무게로 달아 고물상에 파셨다고 한다. 트럭 두 대 분의 고물을 판 돈만 80만원이라니, 한평생 한 집에 살면서 모아놓은 살림살이가 얼마나 많았던 건지

헤아려지기도 한다. "영감 보내고 나서 보니 나한테 남은 건 고물밖에 없었어"라고 할머니가 쓸쓸히 말씀하셨다.

시골서 농사짓다 죽으면 남는 게 빚과 고물 농기계뿐이라고 하는데, 그래도 그 분들은 다행인지도 모르겠다. 가난하게 사셨지만 빚도 없고, 더구나 속 썩이는 자식들도 없고! 하지만 한평생 시골서 살아오신 한 노부부의 모습을 지켜보는 것 같아 마음이 무거웠다. 어쩌면 10년 또는 20년 뒤에 다가올, 시골에 살고 있는 우리의 모습인지도 모른다. 물론 도시라고 더 나을 것도 없겠지만 말이다.

48
나는 매일
버리며 산다

A가 긴 겨울 휴가를 다녀와서 식사를 하는 자리에서 은근히 자랑을 했다. '이번에 프랑스로 휴가 갔을 때 앤틱 가구 파는 곳에 구경을 갔는데, 공짜로 배송도 해주고 관세도 내준다고 해서 의자 몇 개를 구입했어. 역시 프랑스 앤틱 제품이 우아하고 멋있는 것 같아!' 함께 식사를 하던 B가 말했다. '전 지금도 가진 게 너무 많아 매일 버리며 사는데요.' 순간 분위기가 싸늘해졌다.

우스개 이야기가 아니고 예전에 직장생활을 할 때 내가 실제로 경험했던 일이다. 그 자리에 있던 나는 아무 말도 하지 않았다. 나는 B처럼 대놓고 말을 하는 성격도 못 되었지만, 그렇다고 A의 자랑에 동조해줄 마음도 없었다. 당시의 나는 프랑스 앤틱 제품에 관심도 없었고, 또 가진 것도 별로 없어 버릴 것도 없었다. 분명히 같은 직장에 다니고 있었지만 서로가 속해 있는 세계는 너무도 달랐던 것 같다.

15년이 지난 지금, 나도 가진 것이 너무 많아 버리며 살고 있다. 이제 남은 내 물건이라고 해봤자 작은 서랍 하나에 들어 있는 것이 전부다. 예전에 쓰던 만년필, 골동품적 가치만 있는 공학 계산기, 예전에 아버님이 쓰시던 라이터, 그리고 오래된 일기장 몇 권이 남아있을 뿐이다. 그것들도 언젠가는 버려야 할 물건들이다. 옷장을 열어봐도 남아있는 옷도 별로 없다(옷은 몸이 불어나서 버리긴 했다). 책도 한 권을 사면 다른 한 권을 버린다. 집에서 쓰는 물건들도 가급적이면 최소한으로만 남겨두려 한다. 다행히도 이렇게 버리며 사는 것에 대해서 아내와 큰 이견이 없다.

하지만 이렇게 산다고 해서 우리 부부가 미니멀리스트^{Minimalist}는 분명히 아니다. 오랫동안 도시생활에 익숙해 있던 우리 부부가 문명의 혜택을 하루아침에 포기할 수는 없을 것 같다. 아무리 시골에 산다지만 우리 집이 TV의 '자연인'에 나오는 것처럼 깊은 산속에 있는 것도 아니고, 우리 부부가 세상을 등지며 살아가는 것도 아니니까 말이다.

지금도 이따금 신제품을 사기도 한다. '죽은 고구마도 살린다'는 지인의 말에 현혹되어 '에어 프라이어'를 구입했는데, 지금은 주방에서 가장 활용도가 높은 제품이 되었다. 더구나 긴 겨울밤에 에어 프라이어로 고구마를 구워 먹을 때의 맛이란…. 버리며 사는 것도 좋지만 이런 작은 행복감마저 포기할 마음은 없다.

아내는 세탁기 없이는 못 산다고 한다. 여름이면 하루에 세 번씩 땀에 젖은 옷을 벗어놓으니 손빨래만으로는 어림도 없다. 또 요즘 같은 날씨에는 시골에서도 에어컨 없이는 살기 힘들고, 냉장고도 있어야 한다. 이들 제품들은 이미 현대를 살아가는 우리에게 없어서는 안 될 필수품이 되어버린 건지도 모르겠다. 하지만 어느 집을 가더라도 볼 수 있는, 거실 한 면을 차지하고 있는 커다란 TV가 우리 집에는 없다.

물론 예외도 있다. 분명히 집안 살림은 줄어드는데 집 밖 창고에 들어 있는 농자재들은 줄어들 기미가 보이지 않는다. 시골에서 살면 깨진 바가지도 쓸모가 있다고, 쓰다 남은 다양한 자재들을 무턱대고 버릴 수는 없다. 내년이면 또 써야 하니까. 작년에 쓰고 남은 사과 담는 종이박스도 아직 많이 남아있고, 난좌도 크기별로 있으니 큰 묶음이 십여 개는 된다. 고추 지지대도 수백 개는 되고, 과수원에 지지대로 사용하는 쇠파이프도 잔뜩 쌓여 있다. 농기구도 종류별로 갖추어져 있다. 삽 하나 달랑 들고 농사를 지을 수는 없으니 용도별로 다양한 농기구가 필요하다.

하지만 그들 중에도 분명히 버릴 물건이 있을 것이다. 보관하자니 짐이 되고, 없으면 당장 아쉬운 애증의 물건들! 어쩌면 내가 농사를 짓는 한, 저 많은 잡동사니들을 숙명처럼 데리고 살아야 할지도 모르겠다. 그러나 가진 것이 적으면 분명히 마음도 홀가분해진다. 아끼던 것을 남에게 줘버렸을 때 서운함도 있지만 한편으로는 자유로움도 느낀다.

우리 집은 대문이란 건 아예 없고, 현관문도 열어놓고 산다. 물론 시골이니까 가능한 얘기다. 하지만 설사 누가 우리 집에 들어온다고 한들 보이는 건 내가 만든 가구나 소품들뿐이다. 나에게는 소중할지 몰라도 돈 되는 물건은 하나도 없다.

만약 집에 불이라도 난다면 어떤 물건을 먼저 챙겨야 할지 아내와 대화를 한 적이 있다. 아무리 생각해봐도 챙겨야 할 물건이 하나도 없었다. 그나마 남아있던 금붙이도 금융위기를 겪으며 이미 다 팔아버렸으니까. 게다가 퇴직할 때, 몰래 숨겨두었다가 비상금으로 쓰라고 회사에서 주었던 금 돼지도 바로 아내에게 걸려 압수당했다. 물론 그 금 돼지도 팔려 나간 지 이미 오래다. 금 돼지를 압수당한 건 지금 생각해봐도 정말 아쉽고 안타까운 일이다. 그러니 지인들과 연락이 끊기지 않으려면 휴대폰만 챙기면 될 것 같다. 요즘은 기억하는 전화번호가 2~3개도 안 된다.

지난 10여 년을 살아오면서 우리 집 살림살이가 많이 줄어들었다. 처음 시골로 내려올 때는 온 집안이 살림살이들로 가득 차서 비좁았는데 지금은 빈 공간이 많아졌다. 예전에는 없으면 큰일 날 줄 알았던 물건들도 다시 생각해보면 꼭 필요한 건 아니었던 것 같다.

우리 부부는 앞으로도 미니멀리스트가 되기는 틀린 것 같다. 아직까지도 지독하게 검약한 생활보다는 작더라도 소소한 행복을 원한다. 또 많지는 않더라도 몇몇 물건들은 앞으로도 계속 지니고 싶다. 하지만 프랑스 앤틱 의자처럼 우아하고 멋있는 물건은 한 번도 우리 집에 어울린 적이 없었고, 앞으로도 필요할 것 같지가 않다. 나바호 인디언들은 단지 25개의 물건만으로도 불편 없이 살아간다고 한다. 꼭 그들처럼 살 필요야 없겠지만, 누구든 행복하게 살아가기 위해서 많은 물건이 필요한 것 같지는 않다.

어찌 보면 지난 10여 년간 우리 집에 일어난 큰 변화는 줄어든 살림살이가 아니라 바로 변화된 우리 부부의 모습일지도 모르겠다. 지금까지 지나치리만큼 많은 것을 누리며 살아왔으니, 앞으로는 버리며 살아야겠다는 마음이다. 나는 매일 버리며 산다.

49
숫돌에
칼을 갈다

먼저 공구를 사용하기 편하도록 늘어놓고 자세를 잡는다. 그리고 손끝에 전해오는 일정한 압력을 느끼며 세심하게 같은 동작을 반복한다. 절대로 급해서는 안 된다. 여유를 갖고 천천히 반복해야 한다. 도대체 뭐 하는 거냐고? 아내가 주문한 부엌칼을 갈고 있는 중이다.

기껏해야 부엌칼을 갈면서 마치 허접한 아마추어는 아닌 것처럼 프로의 모습을 흉내 내고 있다. 칼을 소주병이나 항아리 뚜껑에 쓱쓱 몇 번 문지르고 써도 되지만, 그건 아마추어나 할 짓이다. 또 요즘엔 사용하기 편리한 칼갈이도 있지만, 그것도 전문가용은 아니다. 전문가는 숫돌에 칼을 갈아야 한다.

예전에는 아버님께서 칼을 갈아주셨다. 우리 집 칼뿐만이 아니라 친척들 칼도 갈아주셨다. 그래서 친척들이 우리 집에 올 때면 무뎌진 칼을 몇 개씩 들고 오곤 했다. 그러면 아버님께서는 기쁜 얼굴로 몇 시간이고 칼을 가셨다. 분명히 본인만이 잘하실 수 있는 일이었으므로 칼 가는 내내 행복하셨는지도 모르겠다. 아무튼 그렇게 갈아주신 칼은 몇 달을 써도 쉽게 날이 무뎌지지를 않았다.

내가 칼 가는데 관심을 가지게 된 것은 목공용 끌을 갈면서부터였다. 또 누군가는 아버님의 빈자리를 채워야 했다. 그렇게 연습을 하고, 또 세월이 흐르다 보니 어느 사이 나도 칼 가는 기술이 제법 늘은 것 같다.

칼을 가는 방법은 단순하다. 부엌칼은 약 15도 정도로 칼을 눕히고 이 각도를 유지한 채 밀고 당기기를 반복한다. 숫돌의 한 부분만 파이지 않도록 숫돌 전체 면을 사용하여 골고루 갈아준다. 칼등이 몸 쪽을 향하고 있을 때에는 당길 때 힘을 주고, 반대일 때에는 밀 때 힘을 준다. 사실 비법은 이게 전부다. 그런데 이론은 쉬워도 익숙해지려면 하루아침에 되는 게 아니다.

칼을 갈 때에는 처음에는 거친 숫돌에 갈다가 차츰 고운 숫돌로 옮겨간다. 처음에는 거친 숫돌 250번을 사용하다가 800번, 그리고 마지막으로 아주 고운 4000번을 사용한다. 날이 많이 무뎌지지 않으면 250번은 생략한다. 내가 하는 방법만 본다면 나도 단연코 프로다.

예전에 아버님이 쓰시던 숫돌은 거친 숫돌과 고운 숫돌 두 개만 남아있는데, 얼마나 오래 쓰셨으면 절반은 닳아 가운데가 움푹 패어 있다. 나라면 거들떠보지도 않을 품질의 숫돌로 그렇게 무딘

칼날을 날카롭게 만드시곤 했다.

내 칼 가는 솜씨가 아버님만큼 늘었는지는 잘 모르겠다. 하지만 매번 칼을 갈 때면 숫돌에 칼이 쓱쓱 지나가는, 약간은 날카롭고도 매끈한 느낌에 빠져들게 된다.

어려서는 아버지를 존경하고, 젊어서는 아버지를 부끄러워하고, 나이 들면 아버지를 이해하게 된다고 하더니만 이제야 나도 아버지를 조금은 이해할 수 있는 나이가 된 것 같다. 그리고 칼 갈아달라는 아내의 주문에 나는 오늘도 정신을 집중하며 칼을 갈고 있다.

그렇게 아들은 아버지를 닮아가나 보다. 아마도 식구들은 칼을 갈고 있는 내 모습 속에서 예전의 아버님을 발견하고 있을지도 모른다.

50
그래도 할 일이 있으니
다행이지

유난히도 농사짓기 힘들었던 한 해가 지나가고 있다. 한평생 농사를 지어오신 분들조차 올해 같으면 더 이상 농사짓기 힘들다고 하신다. 물론 배운 게 농사뿐이니 힘들다고 그만둘 수야 없겠지마는 해마다 반복되는 자연재해로 한숨이 깊어지는 것도 사실이다. 농사는 본인 노력도 중요하지만 하늘이 도와줘야 한다.

얼마 전 60대 중반이신 한 형님을 만났다. 귀농하신 지 10년이 넘었는데, 그동안 해보지 않은 농사가 거의 없으실 정도다. 이른 봄부터 브로콜리를 심으셨고, 감자와 고추, 옥수수 그리고 가을이면 김장배추까지 심으셨다. 나중에는 과수가 돈 된다고 사과 과수원까지 임대하셨다. 그런데 무슨 농사를 지어도 소득은 쥐꼬리만 하고, 고된 육체노동으로 예전에 없던 관절염도 생겼다고 한다. 급기야 경운기 벨트에 걸려 손가락을 하나 잃으시고는 농사일은 아예 접으셨다.

그런데 막상 농사를 그만두니 직장을 찾기가 쉽지 않으셨나 보다. "이 나이 되니까 받아주는 곳이 아무 데도 없더라" 하신다. 다행히도 지금은 작은 공장에 경비로 나가고 계신다. 60대 중반이면 아직 한창인 것 같은데 남들은 완전히 폐물 취급을 한다. 직업의 귀천을 따질 나이도 이미 지났고, 먹고살려니 꾹꾹 눌러 참고 일하러 간다. 나이 들면 제일 잘하는 게 참는 것 밖에 없는 것 같다. 과연 그 형님이 일하시며 행복한지는 잘 모르겠다.

때로는 경제적인 여유가 조금만 있으면 여기저기서 눈총 받지 말고 차라리 집에서 속 편히 노는 게 더 낫지 않을까 싶기도 하다. 그런데 그렇게 놀면 정말 속이 편해질까? 과연 그런 생활이 일상이 되어도 행복할 수 있을까? 어쩌면 노는 게 능사가 아닐지도 모르겠다. 조금은 엉뚱해 보이지만, 독일에서 사회복지 기금 수혜자였다가 복권에 당첨되어 백만장자가 된 사람의 이야기를 하려 한다.

'갑자기 돈이 많아지자 멋진 빌라를 사고 하루 종일 집에서 어슬렁거린다. 11시에 일어나 맥주를 4병이나 마신다. 무료함을 피하기 위해 1년에 9번이나 장거리 여행을 하고, 부인과는 싸움이 그칠 날이 없다. 빨간색 람보르기니가 있지만 음주운전으로 면허가 취소되어 몰아볼 수도 없다. 자신이 생각하는 부자들의 생활을 따라 해보지만 아무런 행복도 느끼지 못한다. 아직 돈이 많아 일을 할 필요도 없지만 그 상황이 오히려 저주와 같다.'

레기네 슈나이더가 쓴 〈소박한 삶〉이란 책에 나온 내용이다. 그 책에서처럼 과연 느긋하게 11시에 일어나 맥주를 4병이나 마시고 할 일 없이 어슬렁거릴 수 있다면 행복한 건가? 어쩌면 은퇴한 많은 사람들의 삶이 크게 다르지 않을 수도 있겠다는 생각이 들었다. 그들 대부분이 백만장자가 아니라는 사실만 빼면 말이다. 하지만 노는 것도 하루 이틀이지, 남아있는 긴긴 세월을 그렇게 살아야만 한다면 그 삶이 바로 지옥이 될지도 모른다. 더구나 아직까지 몸도 건강하고 한창 써먹을 수 있는 나이이니까 말이다 (물론 본인 생각이지만).

그렇지만 현실은 일을 하고 싶어도 마땅한 일자리가 없고, 돈이 많아 세계 여행을 떠날 수 있는 것도 아니다. 사실 따지고 보면 우리 주위에 돈 걱정 없이 여유 있게 노후를 즐길 수 있는 사람이 얼마나 될까?

수명도 길어졌다는데, 난 남은 인생을 적어도 그렇게 살고 싶은 마음은 없다. 손바닥만 한 땅에서(손바닥만 해서 정말 다행이긴 하지만) 농사라도 짓고 있는 내 팔자가 어쩌면 행복하다는 생각이 들었다. 적어도 나는 아직 할 일이 있으니까. 그냥 놀아도 뭐라는 사람이야 없겠지만 그래도 적당한 노동 후에 갖는 휴식이 더 달콤한 법이다. 그렇다고 나이 들어서까지 일에 치여 살고 싶은 마음도 전혀 없다. 모든 것이 나이에 걸맞게 적당해야 한다. 일도, 휴식도.

나의 이런 말에 그 형님이 바로 반론을 제기하셨다. '그렇게 놀고도 먹고살 수만 있다면 난 아주 행복할 것 같다'라고 하신다. 한평생 죽어라 일을 하는 데도 먹고살기가 힘드니, 그런 말을 하는 건 어쩌면 배부른 소리라고. 문득 검게 그을린 그 형님의 얼굴에서 한평생 고단하게 보냈던 농사꾼의 삶을 읽을 수 있었다.

　사람마다 살아온 환경이 다르고 가치관이 다르니 딱히 뭐가 맞는다고 말할 수는 없다. 그리고 정말 요즘 같은 세상이면 그 말씀이 맞는 것 같기도 하다. 그래도 나는 할 일이 있는 게 좋던데….어쩌면 그 형님 말씀처럼 배가 불러 하는 소리인지도 모른다.

51
시골에서 남편은
갈 곳이 없다

은퇴 후 부부가 시골로 내려와 살다 보면 하루 종일 얼굴을 맞대고 있어야 할 시간이 길어진다. 밖에 나가봤자 갈 곳도 마땅치가 않고, 또 농사일이라고 하는 것이 함께 해야 효율도 오르는 법이다. 농사일은 1+1=2가 아닌 3 이상이라고, '백지장도 맞들면 낫다'라는 말이 그대로 적용되는 분야다. 아내 꼬드겨 부려먹자고 하는 말은 분명히 아니다.

그런데 문제는 이렇게 부부가 24시간을 함께 지내다 보니 자주 티격태격할 수밖에 없다는 데 있다. 지금은 싸움은 피하는 게 상책이라는 현명한 진리를 터득하고 있지만, 귀촌 초기만 해도 내가 그렇게 만만한 남편은 아니었던 것 같다. 당시는 멀쩡히 다니던 직장을 그만두고 식구들을 전부 이끌고 시골로 내려올 정도의 카리스마가 있었으니까!

하지만 돈 벌어오는 일이 끝나면 주도권도 바뀐다. 그것을 재빨리 간파한 남편은 아내 비위를 맞추며 평화로운 가정을 이끌어 가겠지만, 착각 속에서 헤어나지 못하는 남편은 주도권을 잃지 않으려고 발버둥 친다. 나는 이 이론을 뒷받침할 수많은 증거를 제시할 수도 있다. 지금도 주도권 싸움이 진행 중인 친구들도 있으니까! 아직도 돈 버는 친구들만 큰소리치며 산다. 불행하게도 난 한동안 주제를 파악하지 못한 후자에 속했다.

초창기에는 나도 당연히 아내와 말다툼을 많이 했다. 한 번은 화가 많이 났다는 것을 보여주기 위해 현관문을 쾅 닫고 밖으로 나왔다. 그런데 막상 밖으로 나오니 갈 곳이 없었다. 고향도, 직장도 떠나 시골로 왔으니 친구를 만나려면 차를 타고 두어 시간은 달려가야 한다. 시골 와서 사귄 분들도 계시지만 부부 싸움했다고 달려가서 푸념을 할 만한 사이도 아니다. 그렇다고 전화로 친구에게 하소연한다는 것도 웃기는 일이다. 내 친구들은 하나같이 금방 지겨워하며 이렇게 말할 놈들뿐이다.

"네가 잘못했네. 가서 무조건 잘못했다고 빌어!"

그리고는 귀찮다는 듯이 전화를 끊어버릴 것이다. 어떻게 내 주위에는 진득하게 내 푸념을 들어줄 친구가 한 명도 없는 것 같다.

그래서 시골길을 빙빙 돌았다. 밥맛도 없었고, 혼자 밥을 사 먹기도 어색해서 배 쫄쫄 굶어가며 이리저리 돌아다녔다. 도시라면 다르겠지만 시골은 아직도 식당에서 혼자서 밥을 먹는 사람을 찾아보기가 어렵다. 예전에 아내가 집에 없을 때 혼자 식당에 간 적이 있었는데 주인아주머니가 물으셨다.

"아니, 왜 혼자 식사를 하세요?"

나이 들어 혼자서 밥을 먹으러 가면 괜히 처량하게 쳐다보는 것 같고, 자칫하면 혼자 사는 남자로 오해받기 딱 좋다.

그때 굳게 결심한 게 있으니 앞으로는 아무리 화가 나더라도 다시는 집 밖으로는 나가지 않겠다는 거였다. 그래 봤자 나만 손해니까. 내가 밖에서 헤매고 있는 동안 아내는 따뜻한 집에서 밥해 먹고 TV 보며 낄낄거릴 것이다.

반면, 아내들은 갈 곳도 많다. 어디를 가더라도 쉽게 친구를 사귀니 항상 주위에 친구가 많다. 또 멀리 있는 친구 만나러 두세 시간쯤 차를 타고 가는 것도 당연히 여긴다. 최악의 상황이라면 전화통 붙들고 몇 시간 이야기하면 된다. 친구들과 그 정도 통화하는 것쯤이야 늘 있는 일이니까.

특히 자식들이 결혼을 하게 되면 아내들은 더 좋은 도피처가 생긴다고 한다. 화가 나면 손자 손녀들 돌봐준다고 자식 집에 가 버리면 그만이다. 하지만 남편은 자식 집에 따라갈 수도 없다. 또 가봤자 환영받지도 못한다. 그러니 집에 남아 혼자 밥을 해먹으며 집이나 지키고 있을 수밖에 없다. 젊었을 때 아내 속 썩이고 목소리 컸던 남편들 중에서 이렇게 사시는 분들이 특히 많은 것 같다.

이래저래 나이 들면 남편에게 유리한 상황은 없는 것 같다. 그래서 은퇴 후 남편은 상황 판단을 잘해야 한다. 웬만하면 들어도 못들은 척, 싸움이 나지 않도록 아내 비위를 맞추며 사는 게 최선이다. 행여 싸우게 되더라고 절대로 집을 나서서는 안 된다. 그냥 끝까지 집에서 버티고 있어야 밥이라도 얻어먹는다.

나는 한 가지 방법이 더 있는데, 분위기가 싸늘해지면 무조건 과수원으로 달아나 버린다. 그리고 이따금 억울한 생각이 들고 화가 풀리지 않으면 애꿎은 나무를 걷어차기도 한다(물론 내 발만 아프다). 이런 나를 두고 아내는 나이가 들으니 내 성격이 부드러워졌다고 한다. 내 속도 모르면서…. 늙어가는 것도 서러운데, 때로는 은퇴한 남편으로 살아간다는 것이 쉽지만은 않은 것 같다. 물론 그러는 아내라고 마음이 편하기야 하겠냐마는….

52
남자도 때로는
혼자이고 싶다

아내가 벌써 몇 번째 물어보고 있다.

"정말 같이 가지 않을래?"

"난 괜찮으니까 잘 다녀오래도!"

아내는 같이 가자고 하고, 난 그냥 혼자 집에 남아있겠다고 버티는 묘한 상황이 벌어졌다. 아내가 친구들과 함께 섬에 있는 친구네 별장으로 놀러 간다고 한다. 1박 2일의 짧은 일정인데도 같이 가자고 하는 것을 보면, 날 내버려 두고 혼자 놀러 간다는 게 조금 미안하거나 아니면 틀림없이 운전기사가 필요해서다.

은퇴한 남편을 젖은 낙엽이라고도 하지 않던가! 평소 같으면 당연히 혼자 집 지키기 싫다고 어디든 따라나섰을 터인데, 이번에는 그냥 집이나 지키고 있겠다고 하니 아무래도 이상한가 보다. 아직 바쁜 농사일이 끝나지 않기도 했지만, 설사 농사가 아니더라도 난 맨 정신으로 여자 3명이 가는 여행에 끼어갈 리가 없는 위인이다. 그런 익숙지 않은 분위기에서 1박 2일을 보내느니 차라리 집에서 혼자 밥을 해먹고 말지!

그래서 잘 놀고 오라고, 고개를 갸우뚱거리는 아내를 떠밀어 보냈다. 하지만 내가 집에 남기로 했던 또 다른 이유는 나도 때로는 혼자이고 싶기 때문이다.

평소에 혼자서 밥 차려 먹는 것을 싫어하니 아내는 내가 하루도 혼자서는 못 사는 줄 안다. 하지만 미리 해둔 밥과 반찬을 꺼내 먹기만 하면 되니까 나도 며칠 정도는 끄떡없이 버틸 수 있다고! 물론 기간이 좀 길어지면 이야기가 달라지겠지만 말이다.

언젠가 지인들과 모여 수다를 떨다가 아내가 나를 가리키며 "밥이야 전기밥솥이 해준다고 치고 당신이 반찬을 만들 줄 알아, 빨래를 할 줄 알아? 당신은 자생력이 전혀 없다니까!"라고 말한 적이 있다. 그 말에 "햇반이 더 맛있어요."라고 조언을 해준 사람도 있고, 날 보고 '간 큰 남자'라며 부러워하던 사람도 있었다. 하지만 장년의 남자에게 자생력이 없다는 건 치명적일 수밖에 없다. 지금도 말다툼하고 나서 밥 얻어먹으려면 내가 먼저 꼬리를 내려야 한다.

더구나 나이 먹으면 여자가 점점 더 드세진다고 하니 내가 지금처럼 무작정 버틸 수 있는 날도 얼마 남지 않은 것 같다. 아무리 생각해봐도 이제는 요리하는 법부터 배워야 할까 보다. 예전에는 내가 집을 책임지는 가장이라는 말에 우리 식구 어느 누구도

이의를 제기하지 않았었다. 그랬는데 어느 순간부터는 그저 자리만 지키는 가장 취급을 하더니만, 지금은 사고나 치지 않고 가만히 있어주면 좋겠다는 표정들이다.

겉으로는 내가 그저 별 생각도 없이 늙어가는 한 평범한 남자처럼 보일지도 모르지만, 나도 아직은 나 혼자만의 공간에서 나 혼자만의 시간을 갖고 싶어 하는 섬세한 남자다. 그래서 어쩌다 한 번은 아무도 없는 곳에서 누구 눈치도 보지 않고 그저 내가 하고 싶은 대로 하며 시간을 보낼 수 있었으면 좋겠다. 젊었을 때는 여성분들이 이런 생각을 했을지도 모르지만 나이가 들면 어느덧 남자들이 그렇게 변한다.

오랜만에 혼자 집에 있으려니 외롭기는커녕 자유로움을 느낀다. 물론 며칠만 지나면 달라지겠지만 아무튼 지금은 좋다. 음악을 크게 틀어놓고 느긋하게 아침을 차려 먹었다. 우아하게 커피도 뽑아먹고(인스턴트커피가 아님), 평소에는 하지 않던 설거지도 흥얼거리며 했다. 여느 때처럼 특별히 달라질 것도 없는 평범한 하루겠지만 갑자기 내 삶이 달라진 것만 같다. 오늘 하루만큼은 텃밭에 나가 일할 마음도 없고, 정말로 우아하게 나에게 주어진 시간을 즐길 생각이다. 낮에 아들 녀석이 전화를 했다.

"아빠, 저 오늘 일이 있어서 좀 늦을 것 같아요. 저녁식사 혼자 하셔야 할 것 같은데요."

나 혼자 저녁을 먹는다고 하니 마음에 걸리는 모양이다. 철이 좀 든 것 같기도 하다. 그런데 언제는 일찍 들어왔나?

"그럼, 괜찮지. 걱정 마. 천천히 와도 돼!"

그래도 마음을 써주니 고맙다. 그런데 정작 미안한 척하며 떠났던 아내는 1박 2일 동안 전화 한 통도 없다.

'역시 운전기사가 필요했던 거야!'

53

문명인과 미개인의 차이
– 본인인증

올봄에 동네 아주머니 한 분이 교통사고를 내셨다고 한다. 평소에 다니는 사람도 거의 없고 가로등도 없는 시골길이니 자칫 방심하면 사고가 나기 쉽다. 더구나 대부분의 시골길은 도시와는 달리 '차도'만 있지 사람들이 걸어 다닐 수 있는 '인도'란 것이 따로 없다. 나도 그런 도로에서 후미등도 없는 경운기가 갑자기 눈앞에 나타나서 아찔했던 순간이 있다.

그동안 나와 아들놈만 '운전자보험'에 가입했었는데 가만히 생각해보니 정작 보험이 필요한 사람은 아내라는 생각이 들었다. 아무래도 우리 식구 중에 운전이 제일 굼뜰 테니까. 없는 살림이니 그럴수록 더더욱 운전자보험을 들어줘야겠다는 생각이 들었다.

그래서 온라인으로 운전자보험에 가입하려는데 뭐가 그리 복잡한지 하마터면 중간에 가입을 포기할 뻔했다. 시골에서 산 지 십여 년 되었다고 이제는 빠르게 변화하는 세상에 맞추어 살기가 쉽지만은 않은 것 같다.

먼저 컴퓨터 앞에 앉아 필요한 사항을 하나씩 기입해 가기 시작했는데 도중에 보험료가 빠져나갈 통장계좌번호를 기입하란다. 당연히 예전부터 써오던 우리 집 생활비 통장의 계좌번호를 넣었는데 본인 명의가 아니면 안 된다고 한다. 그간 내 이름으로 된 통장 하나면 족했는데 앞으로는 서랍 속에 묻혀 있던 아내 통장으로 보험료를 매달 이체해줘야 한다는 말이다.

과연 매달 잊지 않고 제때에 이체를 할 수 있으려나? 이럴 때는 상담사와 직접 통화해서 해결하는 게 상책이다. 전화를 걸었더니 ARS로 자동 연결되고, 모든 상담원이 통화 중이니 계속 기다리라고 한다. 한 30분쯤 씨름하려니 슬슬 혈압이 상승하기 시작했다. 그러다가 겨우 상담원과 연결이 되었는데, 보험료는 온라인으로 가입해야 저렴하지 상담자를 통하면 가격이 비싸진다고 한다. 한 푼이 아까우니 기다린 보람도 없이 직접 가입하겠다고 하고 그냥 끊었다. 백수 주제에 매달 계좌 이체하는 번거로움쯤은 감수를 해야겠지.

오래된 아내 통장의 계좌번호를 입력하고 나서 마지막 남은 관문이 있었으니 바로 '본인인증'이다. 그리고 본인인증 과정에서 문명인과 미개인의 차이가 여실히 드러났다. 지금까지 사용하던 공인인증서는 내 이름으로 등록된 것 하나밖에 없다. 평생 가정주부로 살아온 아내는 공인인증서 없이도 잘 살아왔다. 이제 와서

운전자보험 하나 가입하자고 따로 공인인증서를 만들기도 그렇고, 그나마 쉬워 보이는 것이 '카카오페이 인증'이었다.

그런데 인증 방법이 카카오에서 아내의 통장으로 1원을 보냈으니 통장에 찍힌 입금자명 4글자를 입력하라고 한다. 여기까지는 정말 쉬워 보였다. 그런데 당연한 얘기지만 아내 통장은 온라인으로 사용해본 적이 없다. 그래서 농협 앱을 전화기에 설치를 했는데, 산 너머 산이라고 이번에는 통장의 비밀번호를 입력하란다.

"글쎄, 비밀번호가 ××××인가? 안 되면 ○○○○로 해봐!"

아내가 기억하는 몇 개의 비밀번호를 찍었는데 모두 실패하고, 오류 횟수가 한도를 초과했으니 은행을 직접 방문하라고 한다. 쩝쩝…. 몇 년 된 비밀번호를 기억하는 게 오히려 더 이상하지, 사실 별로 놀랄 일도 아니다.

은행까지 가기에는 시간이 오래 걸리니 온라인 통장 개설은 나중에 하고, 일단 통장에 찍힌 입금자명부터 확인하기로 했다. 그래서 나는 컴퓨터 앞에 앉아서 컨트롤 타워가 되고, 아내는 통장의 입금자명을 확인하려고 급하게 차를 몰고 현금인출기가 있는 마트로 달려갔는데 여기서 또 문제가 발생했다.

이번에는 통장에 남은 여백이 부족해서 통장부터 재발급 받아야 한다. 그래서 결국은 차를 돌려 농협까지 달려가서 통장을 재발급 받아야 했다. 그리고 새로 발급받은 통장에 찍힌 4자리 암호를 확인한 다음 나에게 알려주었으니, 그 어렵게 확인한 암호 4

글자는 바로 '검은 오이'다.

비록 반나절이 걸리긴 했지만 그래도 합심하여 운전자보험을 온라인으로 가입할 수 있었으니 그나마 우리 부부는 아주 미개인은 아닌 셈이다. 도시에서 생활을 하는 대부분의 사람들에게는 쉬운 일이겠지만 경제 활동을 하지 않던 내 또래의 사람들에게는 복잡하기 그지없는 일이다.

외국에서 온라인으로 우리 상품을 구입하려다 인증 절차가 어렵고 복잡해서 포기한다고 하더니만 그 심정 이해가 간다. 또 시골 은행들이 통폐합되어 이제는 은행 가려면 버스 타고 시내까지 가야 한다는 노인들의 푸념을 들을 지라면 빠르게 변화해가는 세상 속에서 노인들이 설 곳이 없다는 생각이 든다. 돈 달라는 것도 아니고, 내 돈 내고 보험 가입하겠다는 데도 왜 이렇게 복잡한 건지….

집에 놀러온 친구에게 이 이야기를 했더니만 당연한 거라고 한다(이 친구는 은퇴한 지 얼마 안 됐다). 개인별로 '휴대폰'과 인터넷 뱅킹이 되는 '통장'과 '공인인증'은 요즘의 신용사회를 살아가는 필수품이란다. 아마도 우리 부부가 너무 오랫동안 시골에서 살았나 보다. 언제부터 세상이 이렇게 바뀐 건지, 아직까지는 청춘이라고 자신만만해하던 나도 머리가 아프다.

그런데 내 주위를 보면 (거의가 다 노인들뿐이지만) 인터넷 뱅킹은 고사하고 인터넷으로 물건을 구입하지 못하는 사람들도 많다. 그래서 문명인인 내가 대신 물건을 구입해준 게 한두 번이 아니다.
이렇게 버벅거리며 살아가는 것도 모르고 주위 사람들은 우리 부
부를 경탄해 마지않으니 앞으로도 우리 부부는 계속 문명인인 체
하며 살아가야 한다.

"저 젊은 부부(?)는 은행도 안 가고 집에서 컴퓨터로 다 한댜!"

우리 부부는 이런 사람이다.

54
나는 틀림없이
꼰대가 아닐 거야

인터넷에 올라온 글을 읽다가 '꼰대 체크 리스트'를 발견했다. 총 15개의 항목으로 되어있는데 갑자기 궁금해졌다. 과연 나는 어떨까? 물론 나는 아직까지는 객관적이고 합리적인 사람이라 생각하므로 꼰대가 아니겠지만, 그래도 내 나이를 생각하면 초기 꼰대 정도는 될 수도 있겠다는 생각이 들었다.

그동안 나의 지론은, 나이가 들더라도 항상 객관적으로 자신을 돌아볼 수 있어야 한다는 거였다. 그리고 이런 나의 바람직한 자세가 나를 아직도 젊게 만들어 주고 있음에 틀림없다. 그럴 리야 없겠지만 행여 나에게 꼰대 기질이 조금이라도 보인다면 심각해지기 전에 빨리 찾아서 고쳐야 한다. 그래서 꼼꼼하게 항목들을 읽으며 체크를 해 나가기 시작했다.

이 체크 리스트는 〈꼰대 김철수〉란 책에서 발췌한 내용이라고 한다.

'내가 한때 잘나갔다는 사실을 알려주고 싶다' – 그렇다. 특히 잘난체하는 사람 앞에서는 더욱 그렇다. 어쩌다 사람들을 만나 이야기하다 보면 내 직업을 묻기도 하는데 '그냥 농사짓고 있어요'라고 대답하면 갑자기 말투가 바뀐다. 그럴 때면 은근히 속이 뒤틀려 나도 한때는 잘나가는 사람이었음을 알려주고 싶다.

'나보다 성실하고 열정적으로 일하는 사람은 없는 것 같다' – 꼭 없다고 말할 수는 없을지 몰라도 나도 그들 중의 하나임에는 틀림없다. 내가 아내 앞에서는 좀 자랑을 많이 하는 편이다. "나만큼 농사도 잘 짓고, 목공 작업도 잘하고, 글도 열심히 쓰는 사람 있으면 나와 보라고 그래!" 물론 이렇게 상이한 분야 세 가지를 모아서 열정적으로 잘하는 사람은 없겠지. 따로따로라면 몰라도⋯ 아내는 이런 나를 보고 기가 막혀 한다.

'"내가 너만 했을 때"라는 말을 자주 한다', '타인의 사생활에 대해서도 인생의 선배로서 답을 제시해줄 수 있다' – 특히 아들놈에게 조언을 많이 해준다. 그래서 인생 선배답게 확신에 찬 말투로 이야기를 시작한다. "아빠 경험에 의하면⋯" 그럴 때면 아들놈은 '또 시작하는구나'라는 눈빛이 스쳐 지나가고 기회만 엿보다가 방으로 쏙 들어가 버린다. 내 소중한 경험을 공짜로 말해주는 데도 영 들으려 하지 않는다.

아! 또 있다. 귀촌 선배로서 시골로 내려오시려는 분들에게도 기꺼이 조언을 해드리고 있다. 집 지을 때는 어떻게 하고, 텃밭 채소는 어떻게 키우고, 유실수는 무엇을 심어야 하고… 할 말이 너무 많아서 한 번 시작하면 끝을 맺기가 힘들 정도다. 넋이 빠진 손님이 떠나고 나서 아내가 말했다. "오늘도 당신 혼자서만 말하고 끝났네!"

'자유롭게 의견을 말하라고 했는데 나중에 보면 내가 먼저 답을 제시했다' – 미사 끝나고 친하게 지내는 교우들에게 말했다. "점심 뭐 드시러 가실래요?" 자매님들 의견이 분분하다. "오랜만에 돈가스 먹을까?", "쌈밥은 어때?" 중간에 내가 끼어들었다. "얼큰하게 짬뽕 먹으러 가지 않을래요?" 아내가 나중에 말했다. "어차피 짬뽕 먹으러 갈 거면서 묻기는 왜 물어?"

'후배가 커피를 대령하지 않으면 불쾌하다' – 당연하다. 형님들과 식사가 끝나갈 때쯤이면 눈치 빠른 내가 재빨리 커피를 가져온다. 그런데 후배와 식사를 할 때 후배가 커피를 가져올 생각을 하지 않으면 괘씸해서 째려본다. '저 녀석은 눈치도 없어!'

행여 부부동반으로 식사를 하고 커피를 가져 오려 하면 아내분들이 반사적으로 먼저 일어난다. "앉아 계세요. 저희가 가져 올게요." 아마도 평생 해오신 습관 때문일 거다(아마도 시골에 사셔서 더 그런 것 같다). 그리고 이제야 뭔가 억울하게 살아왔다는 생각이 들어서 사소한 일에도 남편에게 바가지를 긁는 것 같다.

'요즘 젊은이들은 노력은 하지 않고 세상 탓만 하는 것 같다' – 맞다. 요즘 젊은이들 특히 아들놈을 보면 눈빛에 독기가 없다. 목표를 이루기 위해 온 힘을 다해 노력하려는 투지가 없다. 우리 젊었을 때는 밤 10시 이전에는 퇴근이란 걸 해본 적도 없다. '워라벨?' 그런 단어는 존재하지도 않았다. 왜 〈세상은 넓고 할 일은 많다〉라는 책도 있지 않은가!

그런데 리스트들을 체크하면서 뭔가 찜찜해졌다. 아무리 생각해봐도 리스트에 있는 내용들이 뭔가 잘못된 것 같다. 이렇게 평범하고 당연한 것들로 체크 리스트를 만들고 그것으로 꼰대를 판별한다니 말이다. 아무래도 남아있는 항목들에는 좀 더 관대하게 대답을 해야겠다.

나중에 내가 체크한 항목들의 개수를 세어보니 11개다. 가슴을 쓸어내렸다. 내가 눈치가 빨라 중간에 알아차렸기 망정이지, 곧이곧대로 체크했다가는 완벽한 꼰대가 될 뻔했다.

6~11개: 꼰대 경보. 맙소사! 당신은 이미 꼰대가 되었습니다.

12~15개: 고 위험. 완벽한 꼰대시군요. 자숙의 시간이 필요합니다.

끝에는 친절하게도 두 종류의 꼰대에 대해서 설명도 해주고 있다.

'세상에는 두 종류의 꼰대가 있다. 자신이 꼰대인 줄 알면서 꼰대짓하는 꼰대. 자신은 꼰대가 아니라고 확신하며 꼰대짓하는 꼰대. 전자는 몇 대 쥐어박고 싶을 만큼 밉지만 후자는 딱하고 가엽고 불쌍하고 안쓰럽고 애처롭다.'

그렇다면 나는 '딱하고 가엽고 불쌍하고 안쓰럽고 애처로운 꼰대'였나? 아무래도 세상이 너무나 많이 바뀌었나 보다.

P.S. 시간 있을 때 한 번 체크해보세요. 〈애처로운 꼰대로부터〉

55

나는 일 년 동안
커피가 공짜다

작년 1월 말경 빈둥거리며 시간을 보내고 있을 때, 예전부터 알고 지내던 신부님께서 전화를 하셨다.

"요즘 뭐하고 지내?"

"요즘은 농사철도 아니라 놀고 있어요."

"언제 시간 되면 한 번 들러줄 수 있겠나? 좀 부탁할 일이 있어서."

그래서 차를 몰고 한 시간을 달려 신부님이 계신 성당에 가게 되었다. 그 성당도 60년이 넘은, 우리 성당만큼이나 오래된 시골 성당이다. 이번에 어렵게 교육관 건물을 새로 지었는데 기존에 사무실로 사용하던 조립식 건물을 신자들을 위한 카페로 개조하고 싶어 하셨다. 그동안은 신자들이 들어가서 차 한 잔 마실 공간도 없었다고 한다.

내가 인테리어 전문가도 아니고, 또 우리 집 말고는 인테리어 공사라는 것을 해본 적도 없다는 것을 뻔히 아시면서도 나를 부르신 이유는 부득이하게 경제적인 이유도 있으셨을 것 같다. 시골 성당 살림이란 게 뻔하니 아마도 새로 교육관 지으면서 빚도 남아 있을 터였다. 그러니 없는 살림에 또 돈 들여가며 카페 공사까지 하실 여유가 없으셨겠지. 그래서 질이야 좀 떨어지더라도 싼 맛에 리모델링하시려고 나를 부르신 게 틀림없다.

"다음 주면 건물 준공이 날 테고, 주교님 축복식이 끝나면 바로 사무실 이사 갈 거야. 그냥 내부를 간단히 치장만 좀 해주면 돼."

"글쎄, 저 혼자서는 힘들고 남자가 두 명은 더 있어야 하는데요."

"걱정 마. 우리 신자들이 도와줄 거야."

세상일이란 게 그렇게 딱딱 맞아떨어질 리 없다고 하더니만, 설 지나고 바로 시작할 줄 알았던 일이 미루고 미루어졌다. 그러다 결국 4월이 되어서야 일을 시작하게 되었다. 처음부터 4월에 일을 도와달라고 하셨으면 농사철이라 바쁘다는 핑계를 댈 수도 있었는데….

카페로 개조하려는 조립식 건물의 공간은 $60m^2$이다(6×10m, 18평). 나 같은 아마추어가 하기에는 만만한 크기가 아니다. 더구나 공사 시작 며칠 전 비보가 날아왔다.

"시설부장이 고관절 수술로 병원에 입원했대. 대신 평협 회장이 도와줄 거야!"

그나마 시설부장은 나와 동갑내기로 다행이다 싶었는데, 한숨부터 나왔다. 이제 나를 도와주실 분들의 연령이 70세 이상으로 상향 조정되었다. 도시는 60대 백수가 많을지 몰라도 시골에서는 60대면 한창 일할 나이다. 젊은 60대 남자들은 모두 돈 벌러 나가고 없다.

그동안 촌스러운 패널의 철판을 고스란히 드러낸 채 사무실로 사용했던 모양이다. 아무리 시골이라고 해도 그렇지 없어도 너무 없어 보인다. 아무래도 천정에는 루바를 대어주고, 벽에는 인테리어 합판을 붙여줘야겠다. 벽까지 루바를 붙이면 너무 산만해질 것 같다.

사무실 천정이 조금 높아 보이기는 했는데 자로 재어보니 높이가 무려 2.5m다. 창문도 엄청나게 많다. 무슨 조립식 건물에 창문만 잔뜩 만들었는지 모르겠다. 사방을 돌아봐도 온통 창문뿐이니까 말이다. 덕분에 마무리할 곳도 많으니 아무래도 시간이 제법 걸릴 것 같다.

그런데 패널에 루바를 어떻게 붙이지? 기본적으로 루바 작업은 쫄대를 붙이고 그 위에 루바를 끼워나가면 되는데, 60m^{2}나 되는 큰 스티로폼 패널 천정에 루바를 붙여본 적이 없다. 어떻게 해야 루바 무게를 지탱할 수 있을까? 인터넷을 뒤졌더니 다행히 해결책이 보였다. 외부용 실리콘(792 투명 실리콘)을 바르고 타카로 박으면 된다고 한다. 시험 삼아 루바 한 장을 천정에 붙여보니 과연 꽉 달라붙어 있었다.

시공 방법이야 간단하다. 천정과 벽에 쫄대를 붙여주고, 루바나 인테리어 합판을 쭉 붙여나가면 된다. 또 창문 근처에는 깔끔하게 보이도록 몰딩을 붙여주면 된다. 말은 참 쉽다. 행동으로 옮기기가 어려워서 그렇지.

"하루나 이틀이면 될까?"

작업장에 잠깐 들르신 신부님이 물어보셨다.

"삼사 일은 족히 걸릴 것 같은데요….."

솔직히 누가 도와주느냐에 따라 시간이 더 걸릴지도 모른다. 더구나 60m²의 저 넓은 공간을! 아! 나도 빨리 끝내고 싶다. 내가 무슨 전문가도 아니고, 아는 사람도 전혀 없는 이곳에서 팔자에도 없는 리모델링 총책임자가 되어 공사를 하겠는가 말이다. 그러나 아무리 주위를 둘러봐도 적당히 일을 하고 뒤처리를 맡길 사람이 없다.

첫날이 제일 힘들었다. 사다리에 올라가 천정에 루바를 붙이는데 무척이나 힘들었다. 고개도 뻣뻣해지고. 지나가다 뭐 하는지 궁금해서 잠깐 들른 신자들은 여지없이 붙잡혀 일을 도와야 했다. 그러나 잠시 후에 보면 어느새 소리도 없이 슬그머니 다 사라졌다.

커피와 간식을 챙겨가지고 오신 수녀님이 우리 일하는 모습을 보셨다. 그리고는 불쌍해 보이셨는지 직접 팔을 걷어붙이시고는 조수 역할을 해주셨다. 작업자의 평균 연령이 조금 낮아졌을 것 같다. 웬만해서는 그런 일이 없는데 밤새 끙끙거렸고, 손목에는 파스를 붙여야 했다. 물론 나만 그랬던 것은 분명히 아니다.

나하고 일하는 사람들은 대부분 골병이 드는 것 같다. 물론 일을 할 때 내가 좀 무식하게 밀어붙이는 점도 있다. 또 어찌 보면 내 주위 사람들은 하나같이 골골하는 사람들만 있는 것 같기도 하다.

그래도 둘째 날에는 두 사람이 더 늘어났다. 한 노인분이(아마도 70대 후반) 몇 시간 일하고 돌아가시며 말씀하셨다.

"오늘 일한 일당은 주나?"

"하루 일하시면 석 달 동안 커피가 공짜예요."

사람도 늘어나고 일도 숙달이 되어 진도가 많이 나갔다. 그 다음날은 하루 쉬기로 했다. 다들 너무 지쳐서 더 일할 힘도 남아있지 않았다.

벌써 삼 일째니 오늘은 끝장을 내고 말리라. 아침에 아예 선포를 했다. 농사일이 밀려 더는 시간을 내기 어렵고, 오늘까지만 일하면 대강 끝날 것 같으니 나머지는 알아서 하시라고. 그래도 양심은 있어 조언을 해드렸다.

"마무리하기 힘든 곳은 그냥 페인트 사다가 바르세요."

난 이래서 아마추어다. 사실 분전반이 있는 벽이나 문틀 부위는 일하는데 시간만 많이 걸리고 진도가 나가지도 않는다. 또 웬 놈의 전기 콘센트는 벽 여기저기에 엄청나게도 많다. 인테리어 공사는 잘하려면 끝이 없는 것 같다.

어쩌면 인테리어 공사는 시간과의 싸움이다. 그런데 나는 언제까지고 이 일에만 매달릴 수는 없다. 비장한 각오를 하고 모두들 이를 악물고 일을 한 것 같다. 그 분들은 나중에 페인트 사다가 바르지 않으려고, 그리고 나는 다음날 또 오지 않으려면 어떻게든 일을 끝마쳐야 했다(수녀님이 페인트 사다 바르는 건 절대로 안 된다고 펄쩍 뛰시는 바람에 계획이 틀어졌다).

점심 먹는 시간 빼고는 쉬는 시간도 없었다. 저녁 6시 30분, 해가 질 무렵이 되어서야 공사가 마무리되었다. 수북이 쌓였던 자재들이 다 없어졌다.

힘은 좀 들었지만 함께 일하신 분들은 며칠 만에 내가 보유하고 있던 기술을 전부 전수받으셨다. 타카를 처음 구경하신 분들도 이제는 탕탕 루바에 못을 박으신다. 몰딩을 붙이는 법도 배우셨고, 전기톱 쓰는 법도 배우셨다. 특히 수녀님은 실리콘과 목공용 본드 바르는데 타의 추종을 불허하신다. 타카 못도 척척 알아서 갈아 끼우신다.

패널의 철판이 그대로 드러나 있던 촌스러운 공간이 나무로 둘러싸인 아담한 카페로 탈바꿈했다. 모두들 만족스러워했다. 직접 시공함으로써 절약한 비용이야 몇 푼 되지 않을지 몰라도 함께 힘을 합쳐 만들어낸 공간이기에 더 보람될 수 있다. 그래서 조금은 어설퍼 보일지 몰라도 더 정이 들고 애착이 가는 공간이 될 것이다. 신자들이 모여 커피를 마실 때마다 그동안 발생했던 수많은 일들이 화젯거리가 되어 웃음꽃이 필 것이다.

물론 아직 해야 할 일이 남아있다. 오일 스테인도 바르고, 전등도 달아야 하고, 카페 분위기를 만들려면 아기자기한 소품도 필요하다. 이 일의 총책임자는 수녀님이시라고 한다. 그래도 우리 중에는 제일 젊으시고 인테리어 감각도 있으시니까. 공구를 차에 싣고 떠나려는데 모두들 서운해 하셨다. 수녀님께서 말씀하셨다.

"나중에 카페 개업식할 때 초대할 테니 꼭 오세요. 아내분도 함께요."

"그럼요, 꼭 와야지요."

지금도 예쁜 저 공간이 얼마나 더 따뜻하고 멋있는 공간으로 변화될지 궁금하다. 나는 적어도 일 년 동안은 공짜로 커피를 얻어먹을 자격도 있다.

56

도시 농업
– 텃밭의 화단을 무엇으로 만들까?

텃밭 농사를 지으며 제일 힘든 일을 꼽는다면 아마도 제초작업일 것이다. 깎고 돌아서면 어느새 다시 자라 있는 게 풀이다. 그 풀이 무서워 요즘은 누구나 밭에 비닐을 씌우고 농사를 짓지만, 비닐이 귀하던 시절에는 다들 호미 하나 들고 김을 매었다고 한다. 그러니 예전의 풀 뽑던 악몽을 기억하는 분들은 지금도 농사라면 다들 고개를 저으시나보다.

밭이랑이야 비닐을 씌우면 된다지만 풀은 밭고랑(이랑과 이랑 사이의 움푹하게 들어간 부분)에서도 자란다. 이 풀을 제거하기 위해 사람들은 제초제를 뿌리기도 하고, 아예 잡초 매트로 덮어 버리기도 한다. 그래서 주위를 둘러보면 분명히 밭은 밭인데 흙 구경을 할 수 없는 밭도 많다. 하지만 아직도 직접 호미를 들고 풀을 뽑는 분들도 계시다.

나도 처음에는 호미를 들고 고랑에 난 풀을 뽑아주었다. 하지만 뜨거운 햇볕 아래 하루 종일 쪼그리고 앉아 풀을 뽑는다는 게 얼마나 힘든지 모른다. 풀을 뽑다 문득 '이러다가 내가 먼저 죽지'라는 생각이 들었다. 기껏 오래 살겠다고 시골 와서는 풀 뽑다 죽었다고 소문나는 건 결코 안 될 말이다. 그 이후로는 호미로 풀 뽑는 건 포기했고, 줄 예초기로 풀을 깎기 시작했는데 이 방법에도 문제가 있었다. 밭이랑에 비닐을 씌웠으니 조금만 방심하면 비닐이 예초기 줄에 찢어지곤 했다.

그러다가 쿠바의 도시 농업에 관한 책에서 '레이즈드 베드Raised bed('테두리 있는 화단' 정도로 이해하시면 될 것 같다)'라는 것을 알게 되었다. 구舊소련이 붕괴하면서 소련의 지원에 의존하던 쿠바 경제는 심각한 타격을 받는다. 더구나 미국의 경제 봉쇄로 식량마저 부족해진다. 당시 쿠바의 대규모 농장은 대부분 돈벌이를 위해 사탕수수만을 재배하고 있었고, 석유의 부족으로 농촌과 도시 간 농산물의 이동조차 원활하지가 않았다고 한다. 굶어 죽지 않으려면 도시에서도 농사를 지어야 하는데, 거리는 온통 아스팔트뿐이다.

그래서 생각해낸 방법이 폐자재를 이용하여 화단Raised bed을 만들고, 그 안에 흙을 넣어 농산물을 생산하는 거였다. 대부분의 농작물은 흙의 깊이가 30cm만 되면 충분히 키울 수 있다고 하니 아스팔트 위에서도 화단을 만들기만 하면 농산물 재배가 가능한 셈이다. 또 비료도 부족하니 지렁이를 키워 지렁이 분변토를 비료 대신 사용했다고 한다. 그 경험으로 인해 지금도 쿠바의 도시 농업과 유기농은 세계적으로 이름을 떨치고 있는 것 같다.

이렇게 화단을 만들어 농사를 지으면 화단 속의 흙은 밟지 않으니 부드러워지고, 비가 와도 흙이나 거름이 유실되지 않는다. 물론 초기 비용은 조금 들겠지만 확실히 단점보다는 장점이 많은 방법이다. 그래서인지 주말농장이나 옥상 텃밭과 같이 도시 농업을 하는 곳에서는 누구나 화단부터 만드는 것 같다.

이에 추가해서 나는 한 가지 더 중요한 장점을 발견했으니 바로 화단을 만들면 꽈배기끈 예초기로 쉽게 풀을 깎을 수 있다는 점이다. 풀만 쉽게 잡을 수 있어도 농사일의 절반은 끝낸 셈이다. 내가 화단을 만드니 궁금해 하시는 분들도 많았던 것 같다. 지나가던 트럭이 갑자기 멈추어 섰다.

"여기에 뭐 심으실 거예요?"

"글쎄, 여기는 땅콩 하고 고추 심을 자린데요."

"아! 난 무슨 연구하시는 줄 알았네."

줄 맞춰 화단을 만들어 놓았으니 이곳이 무슨 농업실습장처럼 보였나 보다.

화단은 어떤 자재로 만들면 좋을까? 화단을 만들 자재는 비용도 적게 들어야 하지만, 인체에도 무해하고 또 오랫동안 사용할 수 있어야 한다. 우리 집 화단은 지난 10여 년 동안 시행착오를 겪으며 진화를 거듭했다. 맨 처음에는 얇은 나무판자를 얻어 와서 화단을 만들었다. 하지만 한 해가 지나자 나무는 썩어버렸다.

다음 해에 절대로 썩지 않는 자재인 시멘트 벽돌을 쌓아서 화단을 만들기로 했다. 그리고 몇 날 며칠을 쪼그리고 앉아 반죽한 시멘트를 바르며 벽돌을 쌓았다. 10여 년 전에 만든 시멘트 벽돌 화단이 아직도 튼튼한 것을 보면 꽤나 쓸 만한 방법임에는 틀림없다. 하지만 아무것도 모르던 젊은 시절에나 하는 거지, 이제는 다시 하라고 해도 절대로 할 수 없는 힘든 방법이다(쪼그리고 앉아 하는 일이 정말 어렵다).

좀 더 쉽게 화단을 만들 수 있는 방법은 없을까? 4인치 두께의 시멘트 블록을 쌓아본 적도 있는데, 그 방법은 조금 폼이 나지 않는다. 시멘트를 바르지 않고 쌓다보니 봄에 얼었던 땅이 녹으면 줄이 삐뚤어진다. 또 블록의 뚫어진 구멍으로 잡초도 나온다. 너무 볼품이 없어 지금은 다 철거해버렸다.

아무래도 제일 쉬운 방법은 방부목으로 만드는 깃인네, 방부목은 몸에 좋지 않다고 하니 망설여졌다. 고민하다가 문득 텃밭 하면 무조건 화단부터 만드는 서양 사람들은 어떻게 하나 싶어서 자료를 찾아보았다. 그러다가 '요즘 판매하는 방부목은 화단으로 사용해도 된다'고 하는 눈이 번쩍 뜨이는 글을 찾았다.

예전에는 방부목에 CCA란 마크가 찍혀 있었다. 간단하게 설명하자면 이 표시는 방부목을 만들 때 비소를 사용했다는 말이다. 그래서 지금은 많은 나라에서 CCA 방부목을 더 이상 사용하지 못하게 금지하고 있다. 10여 년 전에 우리나라에서도 CCA 방부목 판매를 금지했는데, 그 당시 자재상에서 남은 재고를 헐값으로 판매한 적도 있었다.

지금은 ACQ라는 방부목이 시중에 판매되고 있다. ACQ는 방부제로 구리 성분을 이용한 것으로 나름대로 친환경적으로 만든 제품이다. 설명인즉 ACQ 방부목은 독성이 적고 몸에 잘 흡수되지 않는다고 한다. 이 방부제 성분을 식물이 흡수할 수는 있겠지만 시험 결과 그 양이 너무 적어 검출되지 않았다고 한다.

그러나 역시 제일 좋은 방법은 천연 방부효과가 있는 삼목 계통의 나무를 사용하는 것이라고 한다. 내 참 기가 막혀서! 삼목이 얼마나 비싼지 가격을 알고나 하는 말인지 모르겠다. 삼목은 우리 실정과는 맞지 않는다.

아무튼 ACQ 방부목으로는 화단을 만들어도 큰 문제가 없다고 하니 희망이 보인다. 나무를 사용하면 화단 틀을 만드는 것쯤은 정말 식은 죽 먹기다. 벽돌을 쌓으려면 적어도 일주일 이상을 고생해야 하지만 나무로는 반나절 만에도 만들 수가 있다.

방부목을 사용하면 혹시 수명이 너무 짧지는 않을까 고민하실지도 모르지만, ACQ 방부목은 평균 10년 정도는 사용할 수 있다고 한다. 우리 집에 있는, 만든 지 10년이 넘은 방부목 비닐하우스도 아직까지 멀쩡하다. 가격은 운송비 제외하고 비교할 때 방부목이 시멘트 벽돌보다는 약간 비싼 것 같다. 물론 힘 있고, 젊고, 끈기 있는 분들은 예전의 나처럼 시멘트 벽돌로 쌓는 것도 좋다.

벽돌은 사용 연한도 없다.

농사 규모가 크신 분들에게는 오히려 비효율적일 테지만 작은 규모의 텃밭을 가진 분이라면 화단은 한 번쯤 고려해볼 만한 방법인 것 같다. 어차피 한두 해 농사짓고 그만둘 생각이 아니라면 말이다.

57

화단^{Raised bed}
만들기

농사를 지을 때 밭의 면적이 넓은 경우에는 기계의 힘을 빌려야 한다. 밭의 면적이 아주 넓으면 트랙터가 필요하고, 조금 넓으면 관리기로 밭을 갈아주면 된다. 장비가 있는 이웃에게 비용을 지불하고 밭을 갈 수도 있지만, 이 경우는 내가 원하는 시기에 밭을 갈 수 없다는 게 문제다. 밭을 갈아야 하는 시기는 한 철이지만 그때쯤이면 너도 나도 밭을 갈아 달라는 사람들로 아우성이다. 그래서 내 차례를 기다리다 농사 시기를 놓치고서는 열 받아 장비를 구입하는 사람들도 종종 봤다.

그런데 텃밭의 규모가 애매하다면? 농기계를 사기도 애매하고, 밭이 작다고 이웃도 아예 갈아주지 않으려 한다면? 해마다 몇 백 평 되는 밭을 삽만으로 갈아엎는다는 것은 결코 쉬운 일이 아니다. 만약 흙이 진흙처럼 단단히 굳는 땅이라면 이건 숫제 농사가 아니라 거의 토목공사가 된다. 이런 경우라면 농사가 결코 즐거울 수가 없다.

실제로 지인 한 분은 진흙땅에 고구마를 심었는데 가을에 고구마를 캐려면 곡괭이로 흙을 파며 수확해야 한다고 한다. 힘이 드는 것도 문제지만 나중에 보면 성한 고구마가 하나도 없다고 한다. 이 분은 고구마를 심을 때와 수확할 때, 일 년에 두 번씩 농사가 아닌 막노동을 하고 계신 셈이다.

내가 없는 살림에도 불구하고 텃밭 하면 무조건 화단부터 만들려 하는 데는 그만한 이유가 있다. 초보 농부 시절, 멋모르고 삽질을 너무 해서 손에 작업통이 온 이후로는 삽만 들고 흙과 씨름하는 게 무섭다. 한 번 하고 끝낼 싸움도 아니니 다른 방법을 찾아야 했다.

화단을 만들었을 때의 장점은 화단 안의 흙이나 거름이 유실되지 않아서 좋고, 흙을 밟을 일도 없으니 단단하게 굳지도 않는다. 해마다 굳은 흙을 갈아주기 위해 삽을 들고 씨름을 하지 않아도 된다는 말이다. 내가 화단을 만들고 농사를 지은 지 10여 년이 된 지금, 우리 밭의 흙은 손으로도 파헤칠 수 있을 정도로 부드러워졌다.

그 외에도 화단은 풀을 깎을 때에도 진가를 발휘한다. 화단을 만들면(시멘트 벽돌이나 방부목 등 무슨 자재로 만들든 상관없이) 꽈배기 끈 예초기로 쉽게 풀을 깎을 수 있다. 화단에 예초기 끈이 닿아도 비닐이 찢어지는 일이 없으니 순식간에 텃밭의 풀을 다 깎을 수 있다.

예전에 시멘트 벽돌로 화단을 만들 때 한 이랑을 만드는데 며칠씩 걸리곤 했다. 쪼그리고 앉아서 일일이 반죽한 시멘트를 넣어가며 벽돌을 3단으로 쌓았는데, 그때 힘들어 죽는 줄 알았다. 그에 비해 방부목으로 화단을 만드는 것은 아주 간단하다.

내가 만드는 화단 하나의 폭은 1m이고, 화단과 화단 사이에 있는 사람이 다닐 수 있는 고랑의 폭은 80cm이다. 이렇게 넉넉하게 간격을 두고 만들어야 바람도 잘 통하고, 병 피해도 적다. 나보다 더 넓게 간격을 두고 화단을 만드는 사람도 봤다.

방부목 화단 만드는 방법을 설명하자면, 먼저 화단이 위치할 자리에 말뚝(고춧대)을 박고 줄을 띄워준다. 그리고 그 줄을 따라 일직선으로 삽괭이로 얕게 홈을 파낸다. 방부목을 홈에 넣어 흙속에 약간은 묻히도록 해줘야 나중에 화단이 옆으로 밀려나지 않는다.

그리고 방부목을 쭉 늘어놓고 나사못으로 서로 연결해주기만 하면 된다. 나사못으로 연결해야 혹시 나중에라도 분해하기가 쉽다. 직각으로 나무가 만나는 모서리 부분은 튼튼하게 육각 나사로 고정시켜 주었고, 나무를 연결해야 하는 곳에는 방부목 조각을 덧대어주고 일반 나사못으로 연결해주었다. 물론 어떤 나사못을 사용하든 상관은 없다.

방부목 한 장의 규격은 2"×6"로('투 바이 식스'라고 읽는데 나무를 가공하기 전의 규격으로, 가공 후 실제 크기는 두께 38mm, 폭 140mm이다), 길이는 보통 3.6m를 사용한다. 만약 경제적으로 여유가 있으면 6인치(140mm) 대신 8인치(184mm) 방부목을 사용하면 밭이 더 깊어지므로 좋다.

내가 사용한 방부목 한 장의 폭이 14cm이므로, 비슷한 높이로 시멘트 벽돌을 쌓으려면 거의 3장을 쌓아줘야 한다. 이 방부목 1장 가격이 보통 1만원 정도이므로, 시멘트 벽돌 가격보다는 약간 비싼 것 같다(이 방부목 한 장 크기에 해당하는 화단을 쌓으려면 시멘트 벽돌 57장이 필요하다). 그렇지만 시멘트 벽돌로 만들려면 장시간 쪼그리고 앉아 힘들게 일해야 하므로, 방부목으로 만드는 것이 결코 비싼 게 아닐 수도 있겠다는 생각이 든다. 요즘은 자재비보다도 인건비가 더 비싸다고 하니까.

Tip. 상식적인 이야기지만 힘이 약한 가정용 전동 드라이버로는 나사못이 잘 박히지 않는다. 이럴 때는 목공용 드릴 비트로 먼저 구멍을 낸 다음에 나사못을 박으면 된다.

나의 목공 이야기①

우리 집
연필통의 발전사

목공을 시작한 지 얼마 되지 않았을 때, 처음에는 만들고 싶은 것도 많았다. 능력이 따라주지 않아서 그렇지…. 원래 무슨 일을 하든 초짜일 때가 관심도 많고, 열정도 많은 법이다. 무엇인가 만들기는 해야겠는데 크고 어려운 것은 부담이 되니 작고 쉬운 것을 찾아보았다. 문득 책상 위에 놓여 있는 연필통이 눈에 들어왔다. 예전에 여행가서 사온 큼직한 머그컵을 연필통으로 사용해왔는데 이제 보니 영 볼품도 없는 것을 연필통이랍시고 사용해왔던 것 같다. 그동안은 허접한 줄도 몰랐다.

그래서 내가 맨 처음 제작한 작품이 연필통이다. 작품? 아니, 작품이라고 하기에는 좀 그렇고, 그냥 막연필통이라고 하는 게 더 나을 것 같다. 그 당시야 스스로 대견해하며 멋있다고 아내에게 자랑을 한 연필통이지만, 객관적인 평가를 하자면 완전히 '단순무식형'이다. 만약 누가 물어본다면 내가 만든 게 아니라고 하고

머그컵 연필통(좌)과 첫 제작한 연필통(우).

싶을 만큼.

그냥 대충 나무만 잘라서 목공용 본드를 바르고 실 타카로 탕 탕 고정을 시켜주었다. 지금 이런 것 만들라고 하면 10분이면 만든다. 오일 스테인도 전혀 칠하지 않았다. 그래도 첫 작품이라 버리기는 아깝고, 눈에 잘 띄지 않는 한 구석에 처박아놓고 붓통으로 쓰고 있다.

시간이 지나면서 우리 집 연필통도 진화를 거듭했다. 우선, 성당 바자회 때 연필통을 만들어 판매했다. 나름 기술도 많이 늘었고, 당시 터득한 지 얼마 되지 않은 끼워 맞춤 기술에 꽂혀서 죽기 살기로 만들었다. 그 말인즉슨 연필통과 그 외의 다른 목공예품 몇 십 개를 농사일 제쳐두고 몇 달 동안 죽어라 만들었다는 말이다. 바자회 행사 중 판매를 하는데 손님 한 분이 말씀하셨다.

"그 연필통, 재료도 얼마 안 들어간 것 같은데 좀 싸게 팔아요!"

그때 뭐라고 대꾸는 못 했어도 열 받아 죽는 줄 알았다. 제작 시간은 다른 것의 두 배 이상 들었다. 그나마 여름 동안 우리 성당에 봉사를 나오셨던 수사 신부님께서는 연필통의 진가를 알아보셨다.

"와! 이렇게 끼워 맞춤으로 만드는 게 무척 힘든데 참 잘 만드셨네요!"

나 스스로 감격해서, 괜찮다는 신부님께 선물로 하나 안겨드렸다. 역시 세상에는 내 작품을 알아주는 사람도 있다. 나무는 소프트우드 판재로 만들었고, 약하게 흰색을 입히고 투명 오일 스테인으로 마감했다. 여기서 잠깐! 나무에 대해 간단히 설명을 해야겠다. 소프트우드, 하드우드 하는데 그 차이가 무엇인지를.

소프트우드는 보통 약자로 SPF라고 하는데(Spruce 가문비나무, Pine 소나무, Fir 전나무의 약자), 목조주택을 지을 때 사용하는 나무다. 나무의 특성이 무르고, 보통 2인치 두께의 구조목이나 1인치 두께의 판재로 판매된다. 나무의 폭 역시 다양하게 제공되고 있다. 더욱이 4면이 대패가 되어 있어 추가로 가공하지 않고도 바로 사용할 수 있으며, 뭐니 뭐니 해도 제일 큰 장점은 가격이 싸다는 점이다.

하드우드는 재질이 단단한 나무로 호두나무, 참나무 등 주로 고급 가구를 만들 때 사용하는 나무이다. 나무를 다양하게 가공하여 판매하지 않으므로 공방처럼 장비들을 갖추고 있지 않으면 마음대로 재단하기도 어렵다. 소프트우드보다 가격이 5~10배 이상 비싸다고 보면 된다. 그래서 난 거의 쓰지 않는다(정확히 표현하자면 쓰고 싶어도 다양한 공구가 없으니 쓰지 못한다).

이외에도 습기에 강한 삼목 계열로 히노끼(편백), 스기목, 적삼목, 황삼목 등이 있고, 부식 방지용 약품처리를 한 방부목, 그리고 원목이라고는 하지만 나뭇조각을 붙여 만든 집성목(공방에서 판재로 많이 사용한다)이 있다. 또 톱밥을 눌러 만든 MDF, HDF, 합판이 있고, MDF에 나무 무늬 비닐을 씌워놓은 무늬목도 있다.

아래는 작년에 끼워 맞춤으로 만든 연필통이다. 과연 이제는 제법 전문가의 손길이 느껴지기도 한다. 연필이 한쪽으로 쏠리므로 칸막이도 만들어 넣었다. 약한 흰색을 입히고, 린시드 오일(아

현재 사용 중인 연필통.

마씨 유)로 3회 마무리했더니 광택이 있다. 그런데도 아직 뭔가 2%가 부족한 것 같다.

아! 맞다. 작품이라면 당연히 불도장이나 직인이나, 뭐 그럴 듯한 마크가 있어야 한다. 원래 비싼 수제품을 보면 그런 게 다 있으니까! 그래서 아는 후배를 구슬러서 도안을 그려달라고 부탁했다. 후배가 그려준 도안을 내 트레이드마크(오병이어: 성경에 나오는 빵 다섯 개와 물고기 두 마리 그림)로 정했고, 내 이니셜 YJ도 조그맣게 한 구석에 써넣었다. 그 이후로 내가 만든 모든 작품에는 이 마크가 그려져 있다.

물론 직접 그림을 그려 넣었으니 크기며 모양새가 전부 다르다. 선이 삐뚤어진 것도 있고, 어떤 것은 물고기가 하늘을 쳐다보고 있는 것도 있다. 그래도 이 마크를 그려 넣으니 작품의 격이 한 단계 올라간 것 같다. 사람들이 막대한 자금을 디자인에 투자하는 이유를 알 것 같다.

이번에는 사각형이 아닌 다른 모양도 만들어보는 게 어떨까? 호기심이 너무 많은 것도 탈이다. 옆면을 갈아내 둥글게 만드는 것까지는 좋았는데 색칠하다가 망가졌다. 스기목에는 절대 진한색을 칠하면 안 된다는 것도 알았다. 약한 앤틱 색상을 입혔는데도 색이 뭉쳐버렸다. 그래서 지금은 약간 어두컴컴한 화장실에 빗통으로 놓고 쓴다.

이번에는 팔각형이다. 아예 칫솔통으로 사용하려고 작심하고

색이 뭉친 빗 통(좌)과 칫솔 통(우).

만들었다. 화장실은 습기가 많은 곳이므로 당연히 스기목으로 만들었고, 앞선 교훈에 따라 투명한 린시드 오일만 칠해 주었다. 칫솔에서 물이 떨어지므로 내부에는 은박 테이프까지 붙여 주었다. 그동안 매일 물이 묻고 오래 쓰다 보니 표면이 거칠어졌다. 오일을 다시 칠해줄 때가 된 것 같다.

그동안 다양하게 이것저것 만들어 봤지만 역시 처음에 만들었던 사각형이 제일 나은 것 같다. 아무래도 기본으로 돌아가야 할 것 같다.

나의 목공 이야기②

작은 책상의
변천사

초창기에 만들던 작은 책상. 그때는 디자인이란 것은 아예 고려 대상이 아니었고, 무조건 튼튼한 게 최고였다. 나무도 집 짓고 남은 2인치 두께의 구조목을 주로 사용했다(당시는 남은 나무가 그것밖에 없기도 했다). 얼마나 튼튼하게 만들었냐 하면, 모르긴 해도 서커스단의 큰 코끼리가 한 발로 올라서서 재롱을 부려도 부서지지 않을 정도로! 물론 코끼리가 없어 직접 시험을 해보지는 못했고, 내가 올라서서 뛰어봤다. 그래도 초기 작품치고 나사못은 보이지 않게 목심으로 메워준 것이 다행이라면 다행이다.

지금 생각해보면 시행착오도 많이 했고, 당시 만든 물건들을 보면 조금은 창피하기도 하다. 하지만 그때는 부끄러운 줄도 몰랐다.

"이게 그래도 100% 원목이거든요!"

그 당시는 원기만 왕성해서 원가만 받고, 또는 조금 예뻐 보이는 분들께는 공짜로도 많이 만들어 드렸다. 얼마나 많이 만들어

2인치 두께의 구조목을 사용하여 튼튼하다. 그때는 튼튼한 게 최고였다.

드렸냐 하면, 내 주위에 계시는 분들 집에 가보면 내가 만든 소품이 적어도 하나씩은 다 있을 정도다. 만약 하나도 없다면 혹시 나를 서운하게 한 적은 없는지 한 번쯤 반성을 해보셔야 할 것 같다. 다들 100% 원목으로 만들었다고 무척이나 좋아하셨던 것 같은데, 지금 생각해보면 싼 게 비지떡이다.

하지만 어쩌랴. 당시 내 기술이 딱 그만큼이었던 것을! 혹시 아직도 사용하시는 분이 계시다면 공짜로 AS를 해드릴 마음도 있다. 그 후 많이 발전하여 나무도 1인치 두께로 얇아졌고, 못도 나사못 대신에 목심을 사용했다. 디자인도 약간은 다양해졌고, 색도 연한 이탈리안 앤틱italian antique 색상을 입혔다.

작년에 만든 작은 책상은 더 발전했다. 이젠 나사못도, 목심도 전혀 사용하지 않고 그 어렵다는 홈을 파서 끼워 넣기로 만든다. 홈을 파서 끼워 넣기로 만들려면 시간이 제법 걸린다. 하지만 가진 게 시간뿐이고, 또 이렇게 만들면 디자인도 멋있지만 튼튼하기도 하다. 이제야 제법 물건다운 물건이 만들어지는 것 같다.

얼마 전에 작은 책상 하나를 만들어야 하는 일이 생겼다(내 작업실은 겨우 비가림만 하는 공간이라 웬만해서는 추운 겨울에는 작업하지 않는다). 이번만큼은 특별히 공정별로 제작과정을 설명하려 한다.

Day 0: 책상 크기를 50×30×25cm로 만들어 달라고 규격까지 정해주셨다. 가장 최근에 만든 작은 책상의 디자인을 따르기로 했다. 새로 디자인을 하려면 시간이 많이 걸린다. 하루 이틀 만에 해결될 일도 아니다. 또 시간이 제법 걸리더라도 근사하게 끼워 맞춤으로 만들기로 했다.

필요한 자재를 산출하기 위해 도면을 그렸다. 세로 30cm 폭의 판재를 만들려면 8인치(실제 크기는 184mm) 판재 2장을 붙인 후, 30cm만 남기고 테이블 톱으로 켜내야 한다. 다시 말해 공정이 다소 번거롭다는 말이다. 그래도 고집은 있어 난 아마추어 티가 나는 집성목 판재는 사용하지 않는다.

Day 1: 크기에 맞게 나무를 재단했다. 그리고 판재 2장을 붙여야 하는데 먼저 할 일이 있다. 판재는 끝이 직각이 아니라 약간의 곡면 처리가 되어 있으므로 그냥 판재를 붙이면 홈처럼 패인 자국이 접합부에 남는다. 그래서 먼저 곡면 처리된 부위를 직각으로 깎아내야 한다.

이런 용도로 공방에서는 수압 대패를 사용하지만, 그런 장비가 없는 나는 직접 만든 지그(보조용 기구)에 전동 대패를 끼워 넣고 사용한다. 물론 예전에는 그냥 무시하고 판재를 붙였다. 그때는 그 정도 패인 자국쯤은 아예 문제가 되지도 않았다.

이제 판재를 붙여야 하는데, 그냥 목공용 본드로만 붙이면 접합 부위가 약하다. 그래서 판재 접합부에 구멍을 내고 목심을 끼워 넣은 다음에 붙이는 작업을 한다. 예전에 아내 몰래 구입한 도웰 조인터(Dowel Jointer)로 구멍을 뚫었다(하필이면 그때 카드 값 빠져나간 것을 아내가 알아채서 그 이후로는 공구 구입 금지령이 떨어졌다). 요즘은 '공구가 기술'이라고 하는데 이 중요한 논리를 아내는 전혀 이해하려 들지 않는다. 공구가 없으면 구멍을 맞추는 게 쉽지 않다. 더구나 박아야 할 목심의 수가 많으면 많을수록 더 어려워진다.

그 다음에 무수히 많은 클램프로 고정시키고, 하루를 말려야 한다.

Day 2: 판재를 규격에 맞게(30cm로) 테이블 톱을 사용하여 켜내었다. 그리고 재단된 판재에 파낼 부위를 연필로 그린 다음 루터기를 사용하여 대충 파낸다. 정확히 파내려면 지그를 만들어야 하는데, 책상 하나 만들자고 지그를 만든다는 게 오히려 귀찮았다. 만약 판재가 두껍거나 폭이 너무 넓어지면 루터기 대신 테이블 톱을 사용해야 하는데, 내가 갖고 있는 장비로는 상당히 어렵다.

목공용 끌을 사용하여 연필선을 따라 정확하게 파내는 일은 시간이 걸리지만 재미있는 작업이다. 이 멋진 끌은 아들놈을 협박하여 받은 내 생일 선물이다. 이제 목공용 본드를 칠하고, 끼워 맞추고, 하루를 말리면 된다. 이렇게 끼워 넣기로 만들면 옆에 지지대를 붙여주지 않아도 튼튼하다.

Day 3: 다 말랐으면 트리머로 책상의 테두리를 곡면이 되도록 다듬어준다. 그래야 매끈하고 깔끔하다. 그 다음에 샌딩 머신으로 갈아준다. 갈아주고 또 갈아준다. 먼지도 많이 나고, 제일 지겨운 작업이다. 먼저 80방짜리 사포를 사용하고, 150방, 320방, 400방까지 순차적으로 높여간다. 그러면 맨 마지막에는 나무 표면이 거울처럼 매끈해진다.

다 갈아냈으면 오일을 칠해줘야 하는데, 나는 천연 린시드 오일(아마씨 유)을 사용하고 있다. 칠하는 방법은 부직포를 사용하여 린시드 오일을 듬뿍 칠해주고, 10분쯤 말린 다음 깨끗이 닦아낸다. 나무에 스며들고 남은 오일은 아깝지만 다 닦아내야 한다. 그래야 자국이 남지 않는다.

그리고 하루를 말린다. 날씨가 추워서 거실에서 말려야 했다. 린시드 오일은 친환경 오일로 냄새가 거의 나지 않는다. 오일 스테인 칠하는 데는 부직포가 좋고, 닦아내는 데는 주방용 종이 타월이 좋다. 아내 몰래 주방 타월을 훔쳐 쓰는데, 아내는 주방 타월이 줄어들어도 잘 모르는 것 같다.

Day 4: 오일이 말랐으면 400방 사포로 살살 문질러준다. 그리고

내 트레이드마크를 그려 넣었다(좌). 완성된 작은 책상(우).

이전과 같은 방식으로 한 번 더 린시드 오일을 칠해주고 말린다.

　Day 5: 내 트레이드마크인 물고기 그림을 그려 넣었다. 과슈화 물감(아크릴 물감)을 사용하면 그림이 번지지도, 지워지지도 않는다. 마지막으로, 한 번 더 린시드 오일을 칠해주고 말린다. 총 3회 정도는 칠해줘야 색이 고와진다. 이번에는 내 이니셜을 흰색으로 썼다. 흰색을 쓴 이유는 간단하다. 짜놓은 물감이 많아 버리기 아까웠으니까.

　Day 6: 제품이 완성되었다. 작은 소품이지만 6일 만에 완성했다. 처음 3일간은 작업하는데 시간이 걸렸지만, 나머지 3일은 잠깐 오일 칠하고 내 트레이드마크 그려 넣은 시간을 빼면 대부분 건조하는데 걸린 시간이다.

　작품이 하나 완성되면 뿌듯하다. 분수 넘게 감히 작품이란 말을 쓴다. 그러나 어설프긴 해도 나에게는 분명히 심혈을 기울인 작품이다. 그래서인지 한 번에 두 개 이상을 만들려면 힘이 드는 것 같다. 두 개 이상을 만드는 것은 작품을 제작하는 것이 아니라 노동을 하고 있다는 생각이 든다.

그런데 가만히 보면 내가 이번에 사용한 공구도 제법 되는 것 같다. 물론 이 공구들을 하루아침에 전부 구입한 것은 아니다. 오랫동안 목공작업을 하며 아내 알게 모르게 하나둘씩 사모아서 이렇게 되었다. 오늘 소개한 공구들이 주로 목공작업에 사용하는 것들로, 내가 갖고 있는 공구의 거의 대부분이라고도 할 수 있다.

나는 오늘도 이렇게 목공을 즐긴다.

나의 목공 이야기③

우체통
만들기

10여 년의 긴 역사를 지닌 우리 집 우체통은 묵묵히 한 자리에 서서 오랫동안 우리 집을 지켜보고 있었다. 대문도 없는 시골집이니 적당히 대문쯤 되는 곳에 말뚝을 박고 우체통을 세웠다. 목공작업을 시작한 지 얼마 되지 않아 만들었으니 조금은 어설프지만, 그래도 집 짓고 남은 싱글로 지붕을 덮어 주었고, 몸체에는 흰색 페인트도 칠해주었다. 시간이 지나며 자꾸 페인트가 벗겨지므로 빗물에 나무가 썩지 않도록 옆에는 방부목도 덧대어 주었다.

이 우체통은 모진 인생살이처럼 그동안 수난도 많이 당했다. 트럭이 차를 돌리다가 우체통을 들이받아 넘어지기도 했고, 집 앞 언덕 위 밭을 갈러 온 트랙터가 우체통을 치고 지나가기도 했다. 그럴 때면 나는 씩씩거리며 분해된 조각들을 다시 맞추고 보수하여 다시금 제자리에 세워주곤 했다.

그러다가 지인으로부터 알루미늄 판을 몇 장 얻게 되었는데,

파란만장한 세월을 지내온 우리 집 우체통(좌)과 새 우체통 제작과정(우).

그것을 보자마자 빗물에 썩지 않는 튼튼한 우체통을 만들어야겠다는 생각이 바로 들었다. 설사 그동안 사고가 한 번도 없었다고 하더라도 10년쯤 지났으면 이젠 우체통을 바꾸어줄 때가 되기도 했다. 더구나 우체통 아래 기둥에는 우리 식구 문패가 나란히 붙어 있었으니, 바로 우리 집 얼굴이 아닌가!

제작 방법은 먼저 합판으로 우체통 틀을 만들고, 알루미늄 판으로 우체통 전체를 씌우면 된다. 알루미늄 판은 나사못으로 고정했다. 알루미늄 판을 두꺼운 나무토막으로 두들겨서 접었는데 처음 해보는 거라 매끈하게 접히지는 않은 것 같다. 하지만 나중에 뚜껑을 씌워놓고 보니 제법 그럴 듯해 보인다. 색을 입히지 않고 고상하게 알루미늄 원색을 드러낼까 생각도 해봤지만 어째 밋밋해 보이는 게 우체통이란 느낌이 별로 들지 않았다.

예전 사용하던 우체통이 녹색 지붕으로 주위와 어우러져 전혀 티가 나지 않는 모습이었다면(그래서 차들이 자주 들이받았는지도 모

268

색을 입히지 않아도 괜찮다(좌). 하지만 이번 우체통은 좀 강렬한 색상을 입히기로 했다(우).

르겠다), 이번에는 눈에 확 띄는 색을 입히고 싶어졌다. 그래서 선택한 색상이 짙은 주황색 지붕에 파란색 몸체이다. 내가 보기에도 정말 유치한 원색을 사용했는데, 과연 멀리서도 우리 집 우체통이 한눈에 보인다. 알루미늄 판으로 만들었으니 빗물에 썩을 리 없고, 차가 들이받지만 않는다면 우체통 수명도 아주 길어질 것 같다.

그런데 내가 목공작업을 한다는 게 성당에도 소문이 났나 보다. 내가 그동안 수많은 소품을 만들어 드린 분들 대부분이 친하게 지내던 교우들이었으니까. 하루는 신부님께서 말씀하셨다.

"성당 사무실 벽에 붙일 우체통이 하나 있었으면 좋겠는데요."

그동안은 사무실 문 앞에 종이 박스를 하나 갖다 놓고 우편물을 담는 통으로 사용해왔다.

"큰 봉투도 들어갈 수 있도록 우체통이 좀 큼직했으면 좋겠네요."

합판으로 몸체를 만들고 몰딩을 붙여간다. 몰딩은 결이 고운 적삼목을 쪼개 사용했다.

그동안 남의 일인 것처럼 내가 너무 무관심했다는 생각에 조금은 부끄러워졌다. 일단 마음에 드는 디자인부터 찾아봤다. 디자인만 정해져도 일의 절반은 끝났다고 볼 수 있으니까. 그런데 인터넷에 올라와 있는 우편함이나 우체통은 어째 별다른 게 없다. 잘 나가는 디자이너들이 우체통 따위에는 전혀 신경을 쓰지 않는가 보다.

우체통은 어디에 설치할지가 중요하다. 비를 피할 수 있느냐 없느냐의 여부에 따라 사용하는 자재도, 작업 난이도도 달라진다. 비를 피할 수 없다면 제작 과정이 훨씬 복잡해진다. 외부에 방부목이나 양철판을 씌워야 하고, 우편물이 비에 젖지 않도록 특별히 신경 써야 한다. 다행히도 이번에 만들 우체통은 처마가 있는 사무실 벽면에 부착할 예정이므로 쉽게 제작할 수 있을 것 같다.

제작 방법은 합판을 이용하여 틀을 만들고, 몰딩을 붙여 모양을 내면 된다. 일단 큰 우편물도 넣을 수 있으려면 입구부터 커야 한다. 그래서 일반 우체통처럼 옆에 입구를 만들려다 아예 위쪽을 개방해 버렸다. 또 우편물을 꺼내는 문도 큼직해야 한다. 페인트도 칠해야겠는데, 우체통 하나 칠하자고 페인트를 또 사기도 뭐해서 우리 집 우체통 칠하고 남은 페인트를 사용했다. 이왕이면 조금이라도 우체통답게 보이도록 주황색을 몸 전체에 칠했다.

어떻게 주물러서 만들기는 했는데, 디자인은 뭔가 좀 부족해 보인다. 아마도 내가 시골에서 산 지가 오래되어서 그런 것 같다. 도시의 알록달록한 색상을 본 지도 좀 되었고, 유행이란 것도 잘 알지 못한다. 물론 알려고 노력도 하지 않았지만. 한 가지 다행스러운 점은 내 주위 사람들도 대부분 눈높이가 나와 비슷해서 이

페인트 초벌을 한 우체통(좌)과 완성된 우체통(우). 글자를 새겨 넣었더니 훨씬 나아 보인다.

우체통 보고 크게 트집 잡을 사람이 거의 없다는 점이다.

그래도 구색은 갖춘다고 작은 단추 손잡이도 달아주었고, 문이 찰칵하고 닫히도록 빠찌링도 붙여주었다. 글씨도 써넣었는데, 스텐실 도안이 없어 적당히 달력 종이를 오려 새겨 넣었다. '우체통'이라고 한글로 쓰려니 너무 복잡해서 'POST'라고 썼다. 글자 몇 자가 들어갔다고 우체통이 확 달라 보인다.

온통 주황색을 칠해 약간은 걱정하기도 했는데, 멀리서 보니 과연 우체통 티도 나고 제법 어울리는 것 같다. 나이를 먹으면 원색을 좋아한다더니만 나도 그렇게 변해가는 게 아닌가 싶다. 그리고 살다 보면 때로는 좀 유치해지는 것도 괜찮은 것 같기도 하다.

나의 목공 이야기④

주방 벽걸이
장식장 만들기

'주방에는 작은 물건들이 많아 복잡해지기 쉽습니다. 이들 작은 물건들을 효과적으로 정리하는 방법에는 무엇이 있을까요? 바로 여기에 답이 있습니다!'

홈쇼핑 광고가 아니다. 그러나 위와 같은 이유로, 고객(지인)의 요구를 최대한 반영하여 벽걸이 장식장을 만들기로 했다. 살다 보면 주방은 작고, 물건은 많아지게 마련이다. 주방은 쉽게 손댈 수 있는 게 아니니 대신 물건들을 버려야 하는데, 그것도 그리 만만한 일은 아니다. 막상 버리려면 언젠가는 꼭 필요할 것 같아 보인다.

그래서 차선책으로 수납장을 구입해야겠는데 빈 공간의 폭이 80cm 밖에 안 된다. 그 크기에 딱 맞게 만들어 파는 가구를 찾기도 어렵다. 이럴 때 필요한 것이 바로 주문 제작이다. 주문 제작이라는 말에 지인의 요구도 한층 까다로워졌다.

"일단 빈 벽면에 딱 맞는 크기로 벽에 부착할 수 있어야 한다.

또 장식장의 깊이가 너무 깊어서도 안 된다. 깊으면 안쪽의 물건을 꺼내기가 어렵고, 벽 밖으로도 장식장이 많이 돌출되어 거추장스러울 수 있다. 장식장의 절반은 문 없이 만들어 쉽게 물건을 넣고 꺼낼 수 있고, 나머지 절반은 문을 만들어 잡다한 물건들을 넣고 가릴 수 있으면 좋겠다."

그래서 고객의 요구를 100% 수용했고, 100% 내가 디자인한 주방 벽걸이 장식장을 만들었다. 깊이는 너무 깊지 않도록 1"×6" 판재 크기인 14cm로 정했다. 중간에 가로로 설치된 선반들은 양 옆면에 홈을 파고 끼워 넣었고, 가로와 세로가 만나는 부분 역시 절반씩 파내어 옛날 창문 격자처럼 끼워 넣었다. 쉽게 말해 못으로 박아 적당히 만든 게 아니라 끼워 맞춤 제품이란 말이다.

장식장의 디자인이나 가격에 매우 만족하셨는지, 그분은 나중에 장식장을 하나만 더 만들어 달라고 부탁해오셨다. 시간이 지났으므로 이 장식장도 당연히 진화했다.

차이점은 일단 문의 생김새가 달라졌고, 나중에 만든 장식장에는 뒤판이 붙어 있는 반면, 먼저 제품은 뒤판이 없어서 물건이 뒤로 떨어질 수도 있었다. 두 번째 장식장을 만들 때는 도웰 조인터 Dowel Jointer라는 공구를 새로 구입한 이후이므로 문짝도 목심을 위아래로 고정하여 뒤틀리지 않도록 만들었다. 내가 만드는 제품이 급격히 진화하는 시점은 바로 새 공구를 구입하는 시점인 것 같다.

문이 있는 윗선반은 주로 긴 병을 넣는 용도로 빠찌링이 붙

먼저 만든 장식장(좌)과 나중에 만든 장식장(우). 일단 문의 생김새가 달라졌다.

어 있어 문을 닫으면 찰칵 하고 닫힌다. 그리고 장식장의 통일성을 위해 먼저 문짝과 같은 색상을 사용했고, 경첩과 손잡이도 같은 것을 사용했다. 이렇게 장식장을 두 개나 만들었으니 어느 정도 기술 축적이 이루어졌다. 물건을 부탁한 사람은 원가로 만드니 좋고, 나는 기술이 늘어나니 좋고. 물론 내가 가진 게 시간뿐이라 가능한 일이긴 하다.

내 목공 기술은 항상 이런 식으로 향상되는 것 같다. 자신감이 붙어 내친김에 우리 집 주방용 장식장도 만들기로 했다. 김치냉장고가 고장이 나서 퇴출시켰는데, 그 빈자리가 조금은 허전한 것 같았다. 또 싱크대 밑 서랍장에 그릇을 보관하다 보니 아내가 날마다 허리를 구부리고 그릇을 꺼내는 모습이 불편해 보이기도 했다. 처음부터 장소 배치에 문제가 있었던 것 같다. 그런데 김치 냉장고가 있던 자리이니 폭이 90cm 정도밖에 안 나온다. 또 이전에 경험했듯이 장식장은 너무 깊지 않도록 30cm 이내로 만드는 것이 적합해 보인다. 그러나 수납공간을 넓히려면 높이는 천정 (2.4m)까지 꽉 채우는 게 나을 것 같다.

대강 그림은 그려지는데, 내가 가지고 있는 좁은 원목 판재로 집성해서는 만들기가 쉽지 않아 보인다. 또 원목으로만 만들면 장식장이 길어서 나무가 쉽게 휜다. 가급적 합판 사용을 자제하지만, 이런 경우에는 합판으로 틀을 만들고 원목으로 덧대어주는 것이 아마추어가 선택할 수 있는 최선의 방법인 것 같다. 물론 이렇게 만들면 비용도 많이 절약된다.

제작 과정은 먼저 합판으로 틀을 만들고, 원목으로 앞면과 옆면의 몰딩을 만들어 붙여주었다. 물론 장식장의 문은 폼이 나도록 전부 원목을 집성하여 만들었다. 또 장식장 내부의 선반들은 옆면에 홈을 파고 끼워 넣어줘 못을 사용하지 않아도 튼튼하도록 만들었다.

역시 경험만큼 중요한 것은 없다. 모양이 너무 밋밋한 것 같아서 포인트를 준다고 중간에 작은 서랍장도 두 개 만들었다. 이 제품도 100% 내 디자인이다. 가운데 장은 아내가 서서 물건을 넣고 꺼내기에 적합한 높이이므로 그릇들을 넣어두는 용도로 사용하겠다고 한다. 처음 디자인에는 문이 없었는데, 문이 꼭 있어야 한다는 아

냉장고 옆 장식장을 새로 만들었다. 이렇게 직접 제작한 가구들로 집안을 가꾸는 것도
꽤나 괜찮아 보인다. 비용이 적게 드는 것은 덤이고.

내의 강력한 요구에 의해 추가로 달아주었다. 틀림없이 이것저것
다 구겨 넣고 보이지 않도록 문을 닫아버리겠다는 심산인 것 같다.

　제일 고민했던 것은 색상인데 옆면에 합판이 드러나니 오일 스
테인을 칠할 수는 없고, 결국 흰색 수성 페인트를 칠해주었다. 집
지은 지가 10년이 넘으니 천정 루바의 색상이 진해져서 가급적 가
구는 환한 색상을 사용하려 한다. 그래도 포인트를 준다고 중간에
있는 작은 서랍장에는 보라색을 입혔다. 그렇게 복잡한 구조가 아
닌 데도 틈틈이 시간 날 때 만들려니 일주일이나 걸렸다. 그래도
편하게 그릇들을 꺼낼 수 있다고 좋아하는 아내를 보니 만든 보람
은 있다.

62

나의 목공 이야기⑤

방부목
화분 만들기

남들은 화분에서 꽃도 잘만 키우건만 우리 집에서는 멀쩡하던 꽃들도 화분에 옮겨심기만 하면 비실거린다. 그나마 앞마당에 심은 화초들만 해마다 예쁘게 꽃을 피웠다. 좀 솔직하게 그 원인을 분석하자면 화분에 심은 꽃들은 주인의 무관심 속에서 말라죽어 버렸고(물도 거의 주지 않아서), 그나마 땅에 심은 꽃들은 워낙 강한 생명력으로 우리 부부의 무관심과 상관없이 살아남은 것이다.

우리 부부는 화단에 예쁜 꽃들이 피어도 "아, 예쁘네!" 하면 끝이다. 평소에 화단 앞을 그렇게 왔다 갔다 해도 이상하게 꽃이 눈에 들어오지 않는다. 올해도 화단에 거의 물도 주지 않았고, 풀도 뽑아주지 않았는데 화단의 화초들은 꿋꿋하게 꽃을 피웠다. 역시 땅에 심어야 살아남는다. 땅에 심어야 저절로 수분 조절이 되나 보다.

작년 봄, 장에 갔다가 예쁜 매발톱 화분 3개를 사서 화단에 옮겨 심었다. 앞으로는 남들처럼 꽃에도 관심 좀 갖고 살자고! 하지만 작심삼일이라고 그 매발톱도 순식간에 우리 부부의 기억에서 사라졌는데 그나마 땅에 심은 덕인지 용케도 죽지 않았고, 겨울도 버텨냈다. 그리고 얼마 전에 계절 따라 꽃의 색이 바뀐다는 어여쁜 목수국을 얻게 되었다.

목수국을 어디엔가 심어야겠는데 손바닥만 한 화단인지라 빈자리가 없으니 이미 심어져 있는 것들 중에서 무엇인가를 뽑아내야 했다. 화단을 쭉 둘러보니 그나마 매발톱이 뽑기에 제일 쉬워 보였다. 심은 지 일 년밖에 되지 않았으니 그렇게 키가 자라지도 못했다. 집에서 뒹굴던 화분에 매발톱을 옮겨 심었는데 화분 크기가 제각각이었다. 그 볼품없는 화분에서도 매발톱은 화사하게 꽃을 피우며 봄을 보냈다.

그때 든 생각이 아무래도 폼이 나지 않으니 매발톱용 화분을 새로 만들기로 했다. 그동안 창고 구석에 쌓아둔 쓰다 남은 방부목 조각들이 제법 보였다. 조각들을 모으니 잘하면 화분을 하나쯤은 만들 수 있을 것 같았다. 게다가 요즈음 방부목으로 화분을 만드는 것이 유행인지 주위에서 방부목으로 화분을 만드는 것에 대해 물어보시는 분들이 있었다. 그 분들이 나에게 물어봤다는 얘기는 바쁜 농사철이 지나고 나면 방부목 화분을 만들어 주었으면 좋겠다는 완곡한 표현이다. 내 눈치가 몇 단인데!

보통 목공 작업을 하는 순서는 먼저 도면을 그리고, 필요한 자재를 구입하고 제작에 들어가는데 이번에는 디자인도, 도면도 없이 시작을 했다. 어릴 적 '레고'로 장난감을 만들듯이 가지고 있는 재료에 맞추어 화분의 크기도 정해야 했다. 제작법은 2"×2"(가로·세로 38mm 두께) 방부목 각재를 네 모퉁이에 기둥으로 세우고, 방부목 데크재('콤보'라고 부른다)를 옆면과 바닥에 붙이면 된다. 먼저 기둥 두 개에 데크재를 붙여 벽체를 만든 다음, 나중에 벽체들을 서로 붙이는 것이 쉽다. 그 다음에 바닥을 붙여주면 된다. 바닥에도 각재로 만든 기둥이 있어야 튼튼한 데 남은 자재가 없어서 직접 붙였다.

이렇게 사각형 박스를 만든 다음에 좀 더 그럴 듯하게 보이려면 몰딩을 붙여주면 된다. 몰딩은 방부목의 잘린 면이나 못 자국을 감추는 역할을 하기에 몰딩을 붙여주면 제품의 완성도가 훨씬 높아진다. 또 바닥에는 다리받침을 붙여서 화분 바닥이 직접 땅에 닿지 않도록 만들어줬다.

이때 한 가지 고려할 사항은 화분이 별로 커 보이지 않을지 몰라도 일단 흙을 담고 나면 엄청 무거워지므로 쉽게 움직일 수가 없다는 점이다. 겨울에 화분을 다른 곳으로 옮길 계획이라면 화분이 너무 커서는 안 된다. 또는 화분 바닥에 바퀴를 붙여주는 것도 대안이 될 수 있을 것 같다.

이제 마지막 남은 일은 페인트를 칠하는 일이다. 어떤 색을 입히느냐에 따라 화분의 느낌이 달라진다. 색상은 주변의 환경도 고

화분 하나 바꾸었는데 분위기가 달라지는 것 같다. 다양한 색상의 이런 화분이 몇 개 있으면 더 멋있을 것 같다.

려해야 한다. 요즘 파란색에 꽂혀 있는 나는 방부목 화분에도 파란색을 입혀 주었다. 다음에 화분을 만들면 그때는 짙은 주황색을 칠할 생각이다. 사실 보유하고 있는(우체통에 칠하고 남은) 페인트의 종류가 몇 가지 안 되니 선택의 폭도 한정되어 있다.

그렇게 만든 방부목 화분에 매발톱을 옮겨 심었다. 작은 화분에 들어 있을 때보다는 보기가 훨씬 좋다. 버려졌던 방부목 조각들이 이렇게 멋진 화분으로 탄생했으니 내 솜씨도 제법 쓸 만한 것 같다. 이 파란색 화분에서 꽃이 활짝 피었으면 훨씬 멋있었을 텐데, 지금은 시든 꽃만 남아있어 조금은 아쉽다. 그럼에도 조금씩 우리 집도 남들처럼 우아하게 바뀌어가는 것 같다. 이제 예쁜 화분도 생겼고!

63

나의 목공 이야기⑥

찻상
만들기

우리 집 거실은 동네 사랑방이다. 친하게 지내는 지인들이 우리 집에 자주 놀러 오는데 거의 부부가 함께 오시곤 한다. 아내 어릴 적 친구들이 떼를 지어 몰려올 때를 제외하고는(내 어릴 적 친구들도 모두 부부 동반이다) 우리 집에 모일 때는 누구든 부부 동반이 기본이다.

나이 들어가면서는 부부가 함께 다니는 모습이 보기에 좋은 것 같다. 특히 노부부가 손잡고 걸어가는 모습을 볼 때면 '저분들은 인생을 제대로 살고 계시는구나!' 하는 생각에 부럽기도 하다.

우리 집 거실이 동네 사랑방으로 사랑받는 데는 이유가 있다. 먼저, 우리 집은 햇빛이 잘 들어 환하고, 겨울에는 따뜻하고 여름에는 시원하다. 예전에 집 지을 때 특히 단열에 신경을 썼더니만 그 효과를 톡톡히 보는 것 같다.

거실에는 커다란 둥근 테이블이 있고, 편안한 사무용 의자가 놓여 있다. 의자가 중요하다. 특히 나이 들면 의자가 더욱 중요해진다. 이젠 어디 가서 방바닥에 두세 시간만 앉아 있으면 허리가 아파서 못 견디겠다. 그래서 지금은 식당에 가도 가급적 의자가 있는 좌석만 찾는다.

눈치를 볼 사람도 없다. 식구라고는 우리 부부 두 사람뿐이니 밤늦게까지 진을 치고 있어도 괜찮다. 늦은 밤에 잠만 자러 들어오는 하숙생 같은 아들이 한 명 있긴 하지만 실제로 만날 기회는 거의 없으니 별로 상관없다. 내가 아침 일찍 출근하는 것도 아니니 빨리 자리를 떠야 한다는 부담도 전혀 없다.

집안이 적당히 지저분하다. 깔끔하게 정리된 집에 가면 왠지 불안하고 조심스러운데, 우리 집에서는 그럴 일이 전혀 없다. 위화감을 주는 비싼 가구도 없고, 내가 만든 어설픈 가구나 소품뿐이다. 더구나 우리 집 거실에는 대화에 방해가 되는 TV도 없다.

그래서 우리 집에 사람들이 모이면 편안하게 별의별 이야기가 다 나온다. 대개 남자나 여자끼리 따로 모여 앉아 이야기할 때면, 남편들은 혹시 내 흉이라도 볼까 싶어 아내들 대화에 귀를 쫑긋하기도 하는 모양이지만 우리 집에서는 그런 걱정을 하지 않아도 된다. 어차피 따로 앉을 공간도 없으니까.

술 없이 남자들끼리만 모여 있으면 서로 할 말이 없어 어색한 침묵이 돌기도 한다. 그런데 이상하게도 여자들이 끼면 잠시도 쉴 틈이 없다. 대화 주제도 어쩌면 저렇게 다양할 수가 있을까 싶을

싱크탱크의 산물인 '작은 찻상'. 내 트레이드마크를 그려 넣었다.

정도이다. 이따금 다른 사람 흉을 보기도 하지만, 평범한 사람들의 평범하게 살아가는 일상사가 대부분이다. 그래서 우리는 서로의 집안일도 속속들이 잘 알고 있다.

우리 집 사랑방에 모이는 여성분들은 나의 '싱크탱크Think Tank'다. 모여서 이야기를 하다 보면 여자들이 좋아하는 물건이 무엇이고, 필요한 물건이 무엇인지 바로 답이 나온다. 내가 목공작업으로 만든 작은 찻상도 이 싱크탱크의 산물이다.

'집에서 손님이 올 때 찻상으로 쓰는 제품은 거의 플라스틱으로 만든 쟁반이다. 아니면 작은 밥상을 대신 사용해야 하는데, 밥상에 커피를 내오기는 좀 그렇고 마땅한 게 없다. 찻상을 나무로 만들면 느낌도 좋고, 모양도 좋을 것 같다. 하지만 너무 무겁지 않아야 하고, 손으로 들기에도 편해야 한다.'

과연 이 정도면 싱크탱크라 불릴 만하다. 그런데 이상하게도 남자들은 한 번도 제대로 된 아이디어를 내놓은 적이 없다. 아마도 술과 담배로 뇌가 다 굳어버린 게 틀림없다. 정말로 요상한 일이다.

아! 이따금 영화 상영도 해준다. 컴퓨터 모니터가 작아 불편하긴 하지만 그래도 잘 참고 봐주신다. 내용이 중요하지 화면 크기가 작으면 어떠냐고 말씀은 하시지만, 눈치를 보면 마음에도 없는 말씀을 하시는 것 같다. 아무래도 앞으로 모니터는 좀 큰 것으로 바꿔야 할 것 같다.

우리 집 사랑방은 항상 개방되어 있다. 조지 베일런트가 쓴 〈행복의 조건〉이란 책에서 장수하는 중요한 요건 중의 하나가 바로 '나이 들어서도 마음에 맞는 사람들과 즐거운 시간을 보내는 것'이라고 한다. 사람은 서로 어울리고, 웃고 부대끼며 살아야 한다. 그런 게 바로 사람 사는 맛이다.

조금만 더
천천히

작년에 귀촌하여 농사를 짓고 있는 친구를 오랜만에 찾았다. 작년은 시험 삼아 해본 농사라지만, 올해부터는 본격적으로 텃밭 농사를 짓고 있다고 한다. 역시 부지런한 티가 나는 것이 다양한 종류의 묘목들을 이미 다 심었고, 몇 십 평 되는 밭도 삽으로 갈아서 감자를 심었다고 한다. 올해는 감자를 1박스나 심었다고 하니 미운털만 박히지 않는다면 감자를 얻어먹을 수도 있을 것 같다.

내 경우를 보더라도 이 과정은 초보자가 밟는 당연한 코스인 것 같다. 누가 감자를 심었다고 하면 나도 빨리 심어야 할 것 같다. 마치 며칠만 늦어도 한 해 농사를 다 망치는 것처럼 마음이 조급하다. 또 심는 양도 조절이 되지 않는다. 작물별로 심는 양과 그에 따른 소출을 예상할 재간이 없으니 무조건 구입한 종자는 다 심어야 직성이 풀린다.

나도 처음에는 감자 반 박스를 구입하여 심었는데(그나마 이웃분과 반반씩 나누어서 반 박스가 되었지, 자칫했으면 한 박스를 다 심을 뻔했다), 나중에 수확할 때 너무 양이 많아서 여기저기 나누어 주었던 기억이 난다. 물론 그 이후에는 조금씩 심는 양을 줄였고, 능구렁이가 다 된 지금은 올해처럼 얻어먹을 곳이 있다 싶으면 아예 심지 않기도 한다.

우리 식구는 감자를 그렇게 많이 먹지는 않아서 한 해에 2박스면 충분하다. 그러니 씨감자 살 돈이면 나중에 감자 두 박스를 사먹을 수도 있다. 긴 장마에 감자 농사가 흉작만 되지 않는다면 여기저기 공짜로 얻어먹을 곳도 많다. 더구나 감자는 오래 보관하기도 어렵다.

그런데 감자를 심고 그 친구 아내가 앓아누웠다고 한다. 바로 이것이 초보자가 겪는 두 번째 공통점이다. 누구나 초보일 때는 일하는 방법에 문제가 있다. 밭일에 몸이 익숙하지 않으면서도 한 번 일을 시작하면 끝장을 보려 한다. 단지 그놈의 열정만으로!

마음이 급하다. 날씨가 풀리고 봄이 오는 것을 보니 빨리 일을 하긴 해야겠는데 일머리도 잘 모르고, 손에 익숙하지도 않다. 더구나 처음 만드는 밭은 정리가 되어 있지 않아 어수선하고 할 일도 많기 마련이다.

'가뭄 끝에는 먹을 게 있어도 장마 끝에는 먹을 게 없다'고 폭우로 엉망이 된 밭을 경험했기에, 비가 오면 물이 흘러갈 물길도 미리 만들어줘야 한다. 비 올 때마다 매번 굴착기를 부를 수도 없으니, 삽 하나 달랑 들고 토목공사를 해야 한다. 할 일이 많았다.

　내 친구는 자기 이야기하는 줄 알겠지만, 바로 10여 년 전의 내 이야기다. 사실 그때 나도 죽자 살자 일했다. 하지만 시골 일은 지치지 않도록 천천히 그리고 꾸준히 해야 한다. 시험 전날 벼락치기로 공부하듯 해서는 절대로 안 되는 게 농사다. 어차피 며칠 만에 끝낼 귀촌이 아니지 않은가?

　'여유 있게 살자고 시골로 왔는데, 죽자 살자 일을 하며 힘들어한다. 아직도 도시에서 살던 습관을 버리지 못했다.' 이 부분은 바로 내 친구 이야기이다.

　대부분 도시에서 시골로 온 사람들은 급해 보인다. 집을 새로 짓고 나면 마당을 정리하는데, 큰돈 들여가며 큰 나무를 옮겨다 심는다. 작은 나무를 심더라도 몇 년이면 커지는데 애써 비싼 돈 들이며 큰 나무를 심으려 한다. 유실수도 곧바로 수확할 수 있는 큰 나무만을 선호한다. 도무지 기다릴 줄을 모른다. 집 지은 지 한 해가 채 지나지도 않았는데 누가 보면 몇 년은 나무를 가꾼 것처럼 보인다. 처음부터 다 갖고 시작하면 앞으로는 무엇을 하며 시간을 보내려는지….

　처음부터 완벽해질 필요는 없다. 다 갖추고 시작할 필요도 없다. 하나씩, 본인의 능력에 맞추어 일을 해나가면 된다. 작은 나무를 심고, 거름을 주고, 물을 주며 조금씩 자라는 모습을 지켜보는 과정이 바로 시골살이를 하는 맛이다. 또 조금 어설퍼 보이면 어떤가? 어차피 주위에는 나를 봐줄 사람도 아무도 없는데!

조금만 더 천천히 가자. 그리고 여유를 갖자! 바로 나에게 하는 말이다.

65
인생이란 원래
정답이 없는 거니까

오랜만에 사업을 하고 있는 친구로부터 전화가 왔다. 예전에 도시에서 직장생활을 할 때는 부부가 함께 자주 만나곤 했는데, 우리가 시골로 내려온 이후로는 한동안 연락이 뜸했었다. 그 친구는 앞으로 몇 년 만 더 일하고 은퇴를 할 생각이라고 했다. 그리고는 코로나가 좀 잠잠해지면 오래 전에 이야기한 적 있는 동유럽 여행을 다녀오자고 한다. 그래서 생각해 보겠다고 하고는 전화를 끊었다.

과연 언제 코로나가 잠잠해질지는 모르겠다. 하지만 한 가지 확실한 것은 현재 우리 집은 한가하게 해외여행을 다닐 형편이 아니라는 사실이다. 그렇다고 예전의 기억만 가지고 있는 그에게 지금은 형편이 어려워 가지 못한다는 말을 하고 싶지도 않았다. 주위의 만류에도 불구하고 시골로 내려가더니만 이제는 궁핍하게 살고 있다고 자인하는 것 같았으니까!

10여 년이 지난 지금 다시 생각해봐도 내가 멀쩡히 다니던 직장을 그만두고 시골로 내려온다는 것은 분명히 제정신이 아니었던 것 같다. 하지만 당시 나는 절박했고, 직장생활을 계속하기에는 거의 한계에 다다랐음을 직감하고 있었다. 마음은 이미 도시를 떠나 있었으니 누가 무슨 말을 해도 귀에 들어오지 않았다.

주위 사람들은 내가 돈을 많이 벌어서 시골로 간다고 했다. 하지만 직장이란 게 평생을 다닌다고 해도 퇴직 후의 삶을 보장해줄 만큼 충분한 돈을 모으기는 어려운 곳이다. 그것이 대부분의 직장인들에게 공통된 현실이고, 나 역시 그들 중의 하나였을 뿐이다. 그래도 내가 용기를 낼 수 있었던 것은 아예 빈손으로 시작하자는 것도 아니었고, 또 아직 젊었기에 가능했던 것 같다.

"농사지어 조금만 보태면 그럭저럭 버틸 수는 있을 거야. 또 시골로 가면 돈 쓸 일도 별로 없대!"

식구들 모아 놓고, 그래도 희망을 주겠다고 한 나의 이 비장한 발언에 아내는 황당해했다. 처음에는 식구들의 반대도 만만치가 않았다. 익숙했던 삶의 터전을 버리고 시골로 간다는 것은 누구에게나 쉬운 일은 아니다. 내가 처음 시골로 간다고 했을 때, 곧바로 나를 따라 시골로 내려오겠다던 지인들이 몇 명 있었는데, 막상 시골로 내려온 사람은 지금까지 한 명도 없다. 다들 은퇴를 하고 난 지금에서야 다시 슬슬 연락이 오고 있다.

다른 집들처럼 우리 집도 예외는 아니었으니 시골로 오기까지에는 장시간에 걸친 나의 집요하고도 끈질긴 협박과 회유가 복잡하게 얽혀 있다. 그리고 마침내 나는 사표를 내고 식구들과 함께 시골로 내려올 수 있었다.

귀촌하고 처음 1~2년간은 예전의 직장 동료들도 자주 우리 집을 찾아왔던 것 같다. 아마 그들도 나와 비슷한 꿈을 가지고 있었을 테니 내가 사는 모습을 지켜보려고 자주 왔던 게 틀림없다. 하지만 시간이 흐르며 그들의 방문은 점점 뜸해졌다. 그들은 귀촌을 꿈으로 간직한 채 평소처럼 바쁜 도시를 살아가고, 나는 시골에서 내 나름대로의 삶을 찾아야 했다.

시골에서 살아온 지난 10여 년의 시간은 나름 괜찮았다는 생각이 든다. 그동안 시골에서 새로운 삶의 터전을 마련했고, 다시 도시로 되돌아가지도 않았으며, 지금은 마을의 일원이 되어 큰 불편 없이 살아가고 있다. 우리 집에는 자그마한 사과 과수원이 있고, 날마다 신선한 채소를 공급해주는 텃밭도 있다.

인간은 사회적 동물이라 혼자서는 살지 못한다. 설령 사람들과 부대끼는 것이 싫어서 시골로 내려왔다고 하더라도 시간이 지나면 외로움을 느끼게 마련이다. 내가 예전에 알던 많은 사람들은 서서히 멀어져 갔고, 시골에서 새로 만난 사람들이 그 빈자리를 채워주었다.

며칠 전에는 옆집 형님이 옥수수를 따 오셨다. 해마다 가을이면 수확한 사과를 동네 분들에게 나누어 드리니 그 분들도 무언가를 우리에게 주고 싶으셨던 것 같다. 내 주위에는 직접 농사지은 거라며 해마다 쌀을 주시는 분도 계시고, 버섯을 그리고 꿀을 주시는 분도 계시다.

마을 분들과 이따금 식사도 같이 한다. 기껏 먹는 음식이라야 짬뽕이나 냉면 정도이지만 그래도 그 시간이 즐겁다. 우리 부부가 동네에서 제일 젊어 매번 막내 노릇을 해야 한다는 것만 빼면 정말로 괜찮다.

제일 중요한 건강도 좋아졌다. 예전에는 봄이면 꽃가루, 여름이면 에어컨 바람, 그리고 가을이면 기온 차에 의한 비염을 달고 살았는데 어느 사이엔가 다 없어졌다. 또 매일 몸 쓰는 일만 하다 보니 힘도 세어졌다.

이따금 사람들은 시골에서 심심할 텐데 어떻게 시간을 보내느냐고 묻는다. 시골생활이 심심하다고? 내 일상을 돌아보면 한시도 심심할 틈이 없다. 때가 되면 땅을 일구고 농작물을 가꾼다. 풀도 깎아줘야 한다. 장마가 긴 요즘에는 잡초들만 신이 나 있다. 무, 배추 등 김장채소 심을 때도 다가오고 있다. 그러다 보면 어느새 수확할 시기가 다가와 있고, 또 한 해가 저물어간다. 땅은 공짜로 우리에게 먹을 것을 주지 않으며 내가 노력한 만큼만 되돌려준다.

목공작업도 하고 있다. 나무로 비닐하우스를 만들고, 창고도 만들었다. 주위 분들께 테이블이나 서랍장, 작은 소품들을 만들어드린 것도 셀 수가 없을 정도이니 뒤늦게 배운 목공을 꽤나 유용하게 써먹는 것 같다. 주위 사람들은 내 목공 기술을 제일 부러워한다.

그렇게 걱정 없이 잘 살고 있었는데 갑작스러운 옛 친구의 전화는 그동안 잊고 있던 기억들을 들추어냈다. 전화를 해준 것까지는 고마운데 이제 와서 갑자기 해외여행이라니…. 내 입장은 전혀 배려하지 않고 불쑥 말을 꺼낸 친구가 조금은 얄밉기도 했다.

처음 시골로 내려올 때 아내에게 일 년에 한 번은 해외여행을 가고, 또 자동차도 따로 한 대 사주겠다고 공약을 했었다. 하지만 현실에서는 해외여행을 간다는 것은 공염불이 된 지 이미 오래고, 자동차도 집에 있던 차를 아내에게 가지라고 주었다. 난 가끔씩 얻어 타기만 할 거고. 현실 적응이 빠른 아내는 더 이상 경제적인 문제로 바가지를 긁지 않는다.

하지만 때로는 경제적인 궁핍이 다른 사람들과의 관계를 유지하는데 어려움을 주는 건 사실이다. 이따금 지인들이 우리 부부를 식사에 초대하곤 한다. 고급 음식점에서 비싼 음식을 얻어먹기라도 하는 날에는 그렇게 마음이 편치만은 않다. 경제활동을 하는 그들에게는 큰 부담이 아닐 수도 있겠지만, 우리에게는 언젠가는 갚아야 할 빚이다.

과연 시골로 오기로 한 나의 선택이 최선이었는지는 잘 모르겠다. 때로는 예전에 누렸던 풍요로움이 아쉬울 때도 있지만, 그렇다고 크게 후회하지는 않는다. 영화 〈어바웃 타임〉에서와 같이 설사 내가 과거로 되돌아갈 수 있다고 하더라도 아마 지금과 같은 길을 선택했을 것 같다. 인생이란 게 원래 정답이 없는 거라고, 어떤 삶을 살든 그것도 중요한 내 인생의 한 부분이니까 말이다.

언젠가 코로나가 조용해질 때 그 친구네와 함께 해외여행을 다녀올 수 있을지는 모르겠다. 아예 가지 못한다고 말을 할지, 아니면 없는 주변머리에 융통성을 발휘하여 비용이 적게 드는 어느 가까운 곳에라도 다녀오자고 할지도 모르겠다. 하지만 어떠한 결정을 내리든 간에 적어도 나는 솔직하고 담담하게 내 형편을 말할 수 있어야 한다.

빈곤이 자랑은 아니라지만 그것 때문에 상실감을 느끼며 살아서도 안 된다. 10여 년 전 나는 분명히 나에게 다가올 미래를 알고 있었고, 그것을 받아들이기로 결정을 했다. 그리고 그 선택이 내 인생이 된 지금, 나는 다른 세계 속에 살고 있는 사람들에게 나를 맞추기 위해 고민할 필요도 없고, 상대적인 박탈감으로 좌절할 필요도 없다.

장마가 아직 끝나지 않았는지 창 밖에는 이슬비가 내리고 있다. 오랜만에 아내와 드라이브나 하러 가야겠다. 아내와 나는 이슬비가 내리는 한적한 시골길을 드라이브하는 것을 무척이나 좋아한다. 이슬비에 더욱 촉촉해진, 온 세상이 온통 초록빛인 시골길을 드라이브할 때면 우리는 이 세상 무엇과도 바꿀 수 없는 행복을 느낀다. 잃는 것이 있다면 얻는 것도 있는 법. 이런 게 바로 인생인지도 모른다.

귀촌 후에 비로소 삶이 보였다

지은이 윤용진
펴낸이 박영발
펴낸곳 W미디어
등록 제2005-000030호
1쇄 발행 2021년 3월 19일
주소 서울 양천구 목동서로 77 현대월드타워 1905호
전화 02-6678-0708
e-메일 wmedia@naver.com

ISBN 979-11-89172-33-6 03300

값 14,800원

• 잘못된 책은 바꿔드립니다.